경매쟁이 목에 걸린
큰 가시 빼내기

경매 투자 잘못해서 숨넘어가는 사람들에게
우 박사가 보여주는 낯선 처방전!

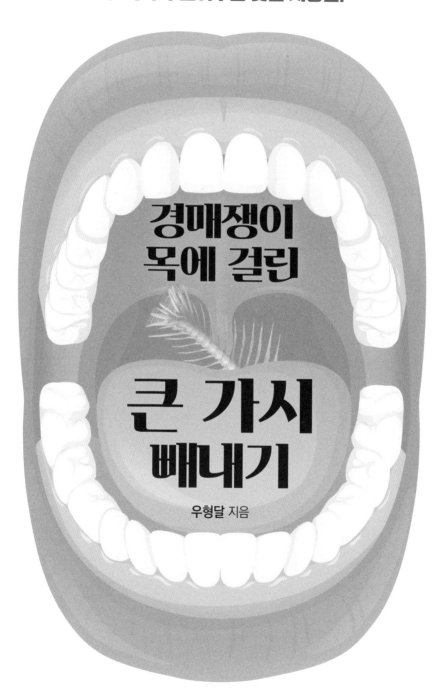

경매쟁이
목에 걸린

큰 가시
빼내기

우형달 지음

한국경제신문i

# 프롤로그

## 대한민국 경매판에 큰 파장을 몰고 올 처방전 공개!

　내 실수로 잘못 응찰해서 낙찰받은 후에 입찰보증금 몰수당할 처지에 빠졌을 때 '입찰보증금 안 날리기'와 '잔금납부로 소유권 취득 후에 추가부담 최소화'하기가 그것이다. 어느 누구도 제대로 된 처방전을 제시하지 못했던 것을 '우 박사'라고 가능하냐고 고개를 갸웃거리셨던 독자들이 있었다는 사실을 잘 안다. 잘못 응찰해서 입찰보증금을 날릴 지경에 빠진 낙찰자가 경매 권리를 인수해 경매 신청권자가 되어 당당히 큰소리치며 입찰보증금을 회수하고, 잔금납부 후에 발생하는 이런 저런 문제들에 대해서 제대로 된 처방전을 제시하겠다고 했던 약속을 이 책을 통해 공개한다.

　"강해서 살아남은 것이 아니라 살아남아서 강하다!"라는 말이 유난히 잘 어울리는 곳이 경매판이다. 패하려고 전쟁을 시작하는 명청한 군주가 없듯이, 망하려고 경매를 시작하는 투자자도 없을 것이다. 그러나 현실은 어떤가. 보통의 노력으로는 평균 이상의 수익률을 경험하기가 어려워지고 있다. 그러다 보니 무리하게 되지만, 무리해서는 좋을 일보다는 손해가 더 많이 벌어지는 것이 세상사다. 필자는 이 책에서 갈수록 치열해지는 경매 전쟁터에서 살아남을 수 있는 방법을 제시했다. 쉽게 말하자면 이 책은 위험한 경매 정글을 헤쳐나가는 방법을 제시하고 있는 것이다. 비는 내리고 날은 어두워지고 있는 듯한 경매 투자 정글에서 길을 잃었다고 생각이 들 때 당황하지 말고 냉정심을 잃지 말자는 이야기를 하고 싶다. 필자가 제시하는 약간은 낯선 처방전을 제대로 이해하면 죽을 때까지 써 먹을 수 있는 것이 경매 투자판이다.

## 이 책으로 경매책 판이 크게 요동칠 것이다

이제는 땅 끝 마을로 더 유명한 전남 해남의 내 어린 시절, 모친은 가난한 아들놈들에게 줄 보양식으로 미꾸라지를 자주 잡아오셨다. 여름날 우물가(샘)에 가져가서 고무 통에 들이붓고는 소금을 한 주먹 뿌리고 얼른 뚜껑을 덮으면, 통 안에서 요동치던 미꾸라지들의 몸부림 소리가 지금도 귓가에 생생하다. 죽을 때까지 써 먹을 수 있는 이 처방전으로 부동산 경매 관련 책판에는 천일염이 큰 바가지로 들어부어진 것을 느낄 수 있다. 이제는 독자 여러분들이 필자의 노력에 호응해주실 차례다. 외부 압박이 온다면 즐기겠다. 용기를 낼 수 있었던 힘의 원천이 독자 여러분이다. 이 책과 다음 책에서 공개하는 '경매쟁이 목에 걸린 가시 빼내는 방법'은 참여자 누구도 손해를 보지 않는 행복한 수술 방법이다. 피 한 방울 흘리지 않고 목 깊이 걸린 큰 가시를 빼내는 방법으로 두 권의 책을 채울 것이다.

## 부동산 경매 투자도 언제나 지금이 최적기다

놀라는 독자의 표정이 보이기도 하고, 무릎을 치는 분도 계실 것이다. 진즉에 알았더라면 '피 같은 내 입찰보증금 안 날릴 수도 있었을 텐데…' 하고 탄식하는 분도 계실 것이다. 만시지탄(晚時之歎)이라는 느낌도 있겠지만, 이제라도 아셨으니 앞으로는 날카로운 큰 생선가시가 목에 걸려 박혀 쉽게 빠지지 않을 때, 가시 빼내는 수술용 집게 가위로 사용해주시면 된다. 방법은 필자가 제시했지만, 판단과 평가는 여러분의 몫이다. 여기에 제시한 처방전으로 대한민국 경매판에는 새로운 '블루오션'이 만들어질 것이 분명하다. 다시 나오기 어려운 분명하고도 확실한 주제를 가진 책이라고 확신한다.


## 두 번째 책도 주목해주시기 바란다

조만간 나올 예정인 《경매쟁이 목에 걸린 더 큰 가시 빼내기》라는 제목의 두 번째 책에서는 잔금납부 안 하고도 입찰보증금 안 날리기, 법정지상권 함정에 빠졌을 때, 잘못된 배당표에 빠졌을 때 , 배당이의 소송을 제기하는 방법, 이런 저런 경매 함정에 빠졌을 때 등에 관한 내용이 담겨져 있다. 부동산 경매 투자가 위험할 수도 있다는 것에 관한 깨달음을 얻는 것이 2000년경이었고, 이를 2010년부터 쓰기 시작했다. 그 결과가 위험한 경매 시리즈 여섯 권이다. 그리고 2020년에 와서 이 책을 출간하면서 20년에 걸친 《위험한 경매》 시리즈 전편에 종지부를 찍는다. 이런 복이 내게 온 것에 감사한다. 스스로 돌아보매 행복한 사람이라는 느낌이 몸을 뜨겁게 한다.


## 혼자서는 누구도 잘 살 수 없는 나약함에 대해

한 번 왔다 가는 인생이라는 길에 딱 떨어지는 정답이라는 것이 있다면 얼마나 단조롭고 재미없을까. 정답이야 어차피 없으니 한 번 살아볼 가치가 있는 것은 아닐까. 이 책이 세상에 나오기까지 많은 분들의 관심과 사랑이 있었음을 여기에 밝힌다. 경매 세상을 알려주셨던 옛 직장 상사 이남재 대표이사와 최옥재 사부, 언제나 아낌없는 조언을 주시는 이정우 교수님과 김종덕 형님, 그리고 필자가 그동안 쓴 책들과 특히 《위험한 경매》 시리즈에 격려와 성원을 보내준 전국의 독자 여러분이 그들이다. 이 자리를 빌려 더욱 감사의 말씀을 드린다.


지상의 못난 자식 부부와 손자 놈들을 이제는 마음 편하게 내려다보고 계실 천상의 부모님께 감사와 그리운 마음에 이 책을 바친다.


20년 해묵은 숙제를 마무리한 것 같아 한없이 홀가분하다.


우형달

# 차례

## PART 03 경매판의 도깨비 유치권 함정에 빠졌을 때

## PART 04 상가·사무실 단골손님, 체납관리비의 모든 것

# PART 01

# 경매쟁이 목에 걸린
# 큰 가시 빼내기

대한민국 경매 책 역사상 처음 보는 내용과 콘셉트로 꾸며진 이 책의 제1장의 각 제목은 다음과 같다.

1. 경매쟁이 목에 걸린 큰 가시 빼내기
2. 경매, NPL 투자자 목에 걸리는 가시 유형
3. 경매 투자로 성공하기 위한 필수 조건 – 버텨라!
4. 재매각 경매 비율이 10%만 낮아진다면 행복하겠다
5. 자본주의에서 노예로 살지 않을 수 있는 방법
6. 인생에서 경험하지 말아야 할 세 가지
7. 돈 벌어도 바꾸지 말아야 할 것들
8. 우 박사, 유튜브 동영상 제작을 시작하다

로 되어 있다

## 피해 유형부터가 살벌하기 그지없다

첫째는 입찰보증금을 날리는 것이었고,

둘째는 저당권 매입 후 배당받는다는 NPL판에서 본전도 못 찾고,

셋째는 이런저런 실수로 시세보다 비싸게 낙찰받는 것이었고,

넷째는 낙찰받은 부동산의 권리에 잘못이 발생하기도 하고,

다섯째는 예상치 못한 추가 비용이 발생하는 것이었고,

여섯째는 명도에 가로막혀 소유자 행세도 못 하고,

일곱째는 처분하지 못해 빠져나오지 못하는 것 등이다.

어떤 유형이든 치명적인 피해를 가져다주기는 마찬가지였다.

## 꼭 경험해볼 필요는 없을 것이다

입찰보증금을 날리는 것은 기본이다. 비싸게 낙찰받아 구입가격 이하로 처분당하고 나면 경매 세계의 냉혹함에 뼈가 저릴 것이다. 처분하지 못해 부도 위기에 빠져도 뼈가 저리기는 마찬가지일 것이다.

필자가 체험하고 있는 경매, NPL 투자는 처음부터 끝까지 지뢰밭이다. 잘못 밟는 날에는 발목 부상은 기본이고 목숨까지도 위태로울 수 있는 도박판 중의 도박판이다. 입으로 책으로 성공 투자의 달콤함을 노래하는 사람들이 있지만, 초보 투자자가 한두 건 투자로 대박물건을 만난다는 것은 있을 수 없다. 필자가 아는 경매 세상에는 준비 안 된 대박 경매란 어디에도 없었다.

# 경매쟁이 목에 걸린
# 큰 가시 빼내기

## 대한민국 경매판에 큰 파장을
## 몰고 올 처방전 전격 공개!

《경매쟁이 목에 걸린 큰 가시 빼내기》라는 제목의 이 책은 《위험한 경매》 시리즈의 완결 편에 해당하는 책으로, 《위험한 경매》에서 보여드렸던 '경매, NPL 투자 환자'들에게 제시하는 처방전이다. 문제가 있으면 답도 있을 것이고, '병'이 있다면 '약'이 있게 마련인 것이 세상살이다.

필자가 기획하고 써서 대한민국 경매 투자자들에게 정말 큰 사랑을 받았던 책이 《위험한 경매》 시리즈 여섯 권이다. 출간된 지 시간이 좀 지났지만, 《위험한 경매》 시리즈를 칭찬해주는 분들이 여전히 계신다.

부동산 경매, NPL 투자 실패사례만으로 엮인 《위험한 경매》 시리즈를 쓰기로 결심하게 된 동기는 경매판에 퍼져 있는 근거 없는 허망한 맹신을 바로잡고자 하는 바람이었다. 쉽게 말하자면 '부동산 경매는 시작하기만 하면 누구나, 아무나 때돈 번다는 식'의 말도 안 되는 억지 거 짓말이 아무런 의심 없이 퍼져 있는 것에 대해서 '정말인가?', '정말 그 런가?'를 냉정히 한번 살펴보자는 것이 필자의 의도였다.

## 경매 NPL 투자자 다섯 명 중 한 명은 쪽박 차더라

필자가 20여 년간 보고 경험해온 경매판은 말로는 부자 만드는 '대박 투자판'이라고들 하지만, 실상은 투자자를 죽일 수도 있는 '쪽박 경매' 투자가 다반사로 벌어지고 있다. 말로는 대박이라고 하지만, 다섯 명 중 한 명은 경매 투자로 쪽박 차는 것이 경매판의 현실이다. 두려워서 눈을 감고 귀를 막고 싶겠지만, 그런다고 달라지는 것은 별로 없다. 필 자가 《위험한 경매》라는 우울한 제목과 콘셉트의 책을 써서 경종을 울 리기는 했지만, 비슷한 유형의 피해는 10여 년이 지난 지금도 여전히 계속되고 있다.

한쪽 날개로만 날 수 있는 새가 있고, 시작만 하면 대박이 보장되는 그런 투자의 신천지가 있단다. 부동산 경매, NPL 투자가 말이다. 헛 된 말에 빠진 일부의 사람들은 대박 경매 환상에 머리를 조아리고 있 다. 사이비 교주가 영혼 없이 내뿜는 방언을 천상에서 들려오는 복음이 라도 되는 것처럼 맹신하는 사람들이 여전히 있다. 그리고 그들을 향한 출처 불명의 책들이 여전히 팔려나가고 있다. 현재도 대형 서점의 재테 크 책 코너에서 인기가 좋은 책이 부동산 경매 관련 서적이란다.

# 제목들부터가 달콤하기 그지없다

지하 단칸방에서 경매 투자를 시작해 3년 만에 집이 20채라느니, 투잡으로 연봉 수입이 가능하다느니, 종잣돈 300만 원으로 시작해서 수십 억 원을 벌었다는 식의 소설 같은 이야기가 서점 판매대를 채우고 있다. 반복되는 주문은 한결같다.

"법원 부동산 경매, NPL 투자는 언제 시작해도!"

"누가 시작해도!"

"언제 시작해도!"

"어디서 시작해도!"

투자 실패 확률 제로의 황금알을 낳는 서위란다.

부동산 경매 투자 성공 이야기를 따라가다 보면 현기증에 머리가 어지럽다. 실패란 도무지 존재하지 않고, 오로지 성공만 보장된단다. 달콤한 속삭임에 정신을 차릴 수가 없다.

냉정히 반문해보자. 그런 신천지가 정말 있을 수 있을까. 필자는 아직 한쪽 날개로만 나는 새를 보지 못했고, 실패 확률이 제로인 투자 세계 또한 보지 못했다. 이 점은 여러분이나 내가 죽을 때까지도 마찬가지일 것이다. 남들이 대박 터뜨렸다는 말 한마디, 책 한 권에 혹해서 험하디 험한 부동산 경매 투자를 시작했다고 하자. 대박은 고사하고 쪽박마저 깨지는 경우가 더 현실적일 것이다.

그런 이야기를 퍼뜨린 저자나 강사 또는 고수 중에서 이런저런 이유로 무대 뒤편으로 사라져간 사람들이 한둘이 아니다. 필자처럼 20여 년 이상 여전히 건재해서 부동산 경매 시장을 냉정히 진단하는 사람은 이제는 차라리 '인간 문화재'에 가깝다고 할 수 있다.

독자 여러분들 책장에 꽂혀 있는 '부동산 경매 관련' 책을 쓴 저자 중에서 여전히 현역으로 활동하고 있는 사람이 몇이나 있는지 한번 확인해보시면 아마 놀라게 될 것이다. 소위 고수라는 사람들의 물갈이 속도가 '경매 NPL 투자판'만큼 빠른 시장도 드물 것이다. 행간의 의미를 읽어내는 것은 독자 여러분들의 몫이다.

경매 투자판에서 책을 쓰고, 강의하고, 직접 투자를 하는 사람에게 가장 요구되는 덕목이 뭔지를 한시도 잊은 적이 없다. 조금 천천히 가더라고 정직하고 우직하게 가야 한다는 것이 필자의 생각이다. 《위험한 경매》 책 시리즈를 통해 경매판에서 벌어지고 있는 대박 환상에 대한 경고도 그래서 할 수 있었다.

## 황당한 감언이설에 더는 당하지 말자

황당한 감언이설에 홀려 편하게 경매 NPL 투자를 시작했다가는 경제적 곤란이 진행되어 가정 해체를 거쳐 노숙자 신세나 심지어 목숨까지 위태로울 수 있다. 준비 없이 부동산 경매판에 뛰어들었다가 치명타를 맞는 사람들의 곡소리는 높아가지만, 별로 관심들이 없는 것 같다. 경매판이 더 이상 꿀단지가 아니라는 것은 이미 공공연한 비밀이다. 아는 사람은 이미 다 알면서도 모두 쉬쉬하고 있다. 단조로운 대박 합창만이 울려 퍼지고 있지만, 실상과는 거리가 멀어도 한참 먼 이야기다. 다들 성공 투자에 눈이 멀어 있을 뿐이지만, 왜곡된 현실을 필자까지 더 이상 방관할 수 없었다.

# 곳곳에 지뢰가 묻혀 있는 경매, NPL 투자판

필자가 체험하고 있는 경매, NPL 투자는 처음부터 끝까지 지뢰밭이다. 잘못 밟는 날에는 발목 부상은 기본이고 목숨까지도 위태로울 수 있는 도박판 중 도박판이다. 입으로, 책으로 성공 투자의 달콤함을 노래하는 사람들이 있지만, 초보 투자자가 한두 건 투자로 대박 물건을 만난다는 것은 있을 수 없다. 불가능하다. 그런데도 가능하다고 계속해서 말하는 책과 저자들이 세상의 한구석에 있다. 저의가 뭔지 그저 궁금할 뿐이다. 필자가 아는 경매 세상에는 준비 안 된 대박 경매란 어디에도 없었다. 쪽박 경매 투자 유형은 대체로 다음과 같다.

첫째는 입찰보증금을 날리는 것이었고,
둘째는 저당권 매입 후 배당받는다는 NPL판에서 본전도 못 찾고,
셋째는 이런저런 실수로 시세보다 비싸게 낙찰받는 것이었고,
넷째는 낙찰받은 부동산의 권리에 잘못이 발생하기도 하고,
다섯째는 예상치 못한 추가 비용이 발생하는 것이었고,
여섯째는 명도에 가로막혀 소유자 행세도 못 하고,
일곱째는 처분하지 못해 빠져나오지 못하는 것 등이었다.

어떤 유형이든 치명적인 피해를 가져다주기는 마찬가지였다.
입찰보증금을 날리는 것은 기본이다. 비싸게 낙찰받아 구입 가격 이하로 처분당하고 나면 경매 세계의 냉혹함에 뼈가 저릴 것이다. 처분하지 못해 부도 위기에 빠져도 뼈가 저리기는 마찬가지일 것이다.

수천만 원에서 수억 원을 쏟아붓고 취득한 부동산의 소유권에 문제가 생겼다고 해보자. 강제집행으로 임차보증금 전액 날린 새댁을 명도로 쫓아냈는데, 어느 날 그 새댁이 어떻게 알았는지 아기를 둘러업고 낙찰자 직장으로 찾아왔다고 해보자. 있는 돈, 없는 돈 다 끌어넣고도 모자라 최대한 경락융자로 간신히 잔금납부 완료한 경매 물건이 몇 년째 명도 문제가 해결이 안 되어 소유자 행세를 전혀 못 하는 상황이 벌어질 수도 있는 것이 경매판이다. 어느 경우든 피가 마르는 지옥일 것이다. 돈이 묶여 오도 가도 못하는 상황마저도 언제나 발생할 수 있는 투자판이 이 판이다. 그런 상황에 빠졌을 때 신속하게 피해를 최소화하면서 빠져나오자 하는 것이 이 책의 목표다. 그런 상황을 당하거나 상상해보지 않고서는 이 책의 깊이가 이해되지 않을 것이다.

## 기존의 경매 재테크 책들과는 새로운 콘셉트의 경매 책

독자 여러분들은 《위험한 경매》 시리즈를 통해 기존의 경매 재테크 책들과는 전혀 새로운 콘셉트의 경매 책을 만났을 것이다. 허황되고 황당한 희망을 노래하지 않는 경매 책은 아마도 《위험한 경매》 시리즈가 처음일 것이고, 그것에 대한 처방전을 제시하는 책 또한 처음이었을 것이다. 《위험한 경매》 시리즈는 부동산 경매 투자판에 뛰어들었다가 피 바가지 뒤집어쓰고 망한 사람들의 이야기와 사례들로 꾸며져 있다. 망한 사연도 다양하고 피 바가지 뒤집어쓴 방법도 가지가지다. 이 책에서 해결책으로 소개되는 사례들은 경매 세계에서 일어났던 빙산의 일각이다.

따라서 이 책에서 제시하고 있는 해결책 역시 한계가 있는 것은 분명할 것이다.

그런 한계를 인정하면서도 경매 관련 책을 쓰는 수많은 저자들이 이런 상황에 해결책을 제시하지 않고 있으니 보다 못한 필자가 이 책을 통해 용기를 가지고 사실을 말하려 했을 뿐이고, 판단과 평가는 독자의 몫이다. 필자는 끓는 냄비처럼 뜨거워진 부동산 경매판을 누군가는 진정시켜야 한다는 책무를 느꼈고, 그것을 시작했을 뿐이다. '대박 투자'라는 한쪽만 바라보고 싶은 착한 독자들을 홀리려는 사이비들이 선전하는 거짓된 세상에 왜 하필 내가 돌을 던져야 고민하기도 했다. 하지만 필자의 바람은 하나다. "소문난 잔칫집에 먹을 게 없다"라는 옛말처럼 "대한민국 경매판이 꿀단지가 넘쳐나는 블루오션이 아닐 수도 있다!"라는 것만이라도 독자들이 아셨으면 하는 바람을 가지고 이 책을 시작한다.

사이비 도사들이 읊조리는 대박 환상의 주문에서 이제는 정말로 깨어날 때가 되었다. 깨어나지 못하고 계속 따라갔다가는 멀쩡한 맨정신으로 피 뚝뚝 떨어지는 생지옥을 경험하게 될 것이다.

여기까지가 《위험한 경매》 시리즈를 집필하게 된 동기였고, 이 책을 쓰게 된 동기다.


《위험한 경매》 시리즈가 '경매 NPL 투자자들에게 병을 알려준' 책이라면, 《경매쟁이 목에 걸린 큰 가시 빼내기》라는 제목의 이 책과 조만간 한 권 더 나올 두 번째 책은 '경매 NPL 투자자의 처방전'에 해당하는 책이다.

# 경매 NPL 성공 투자의 답은 간단하다

성공 투자란 무엇일까. 여러 가지 말들이 많지만, 답은 간단하다. 싸게 사서 비싸게 파는 것이다. 실패 투자에 대한 답 또한 간단하다. 비싸게 사서 싸게 팔면 확실하다. 실패 확률 100%인 것이다.

A투자 : 1만 원짜리 1만 원에 사서 2만 원에 팔았다. 무난한 투자!

B투자 : 1만 원짜리 5,000원에 사서 2만 원에 팔았다. 아주 잘한 투자!

C투자 : 1만 원짜리 2만 원에 사서 1만 원에 팔았다. 멍청한 투자!

D투자 : 1만 원짜리 2만 원에 사서 5,000원에 팔았다. 쫄딱 망한 투자!

간단하게 정리된다.

누구라도 'A투자'나 'B투자'를 하고 싶지, 'C투자'나 'D투자'를 하고 싶지는 않을 것이다. 거듭 말씀드리지만, 지금까지 앵무새들은 경매 NPL 투자판에 뛰어들기만 하면 누구라도 A투자나 B투자를 할 수 있다고 부추기고 있지만, 실상은 C투자자나 D투자자도 헤아릴 수 없을 만큼 많다. 준비 없이 뛰어들었다가는 비운의 주인공이 될 수도 있다.

C투자자나 D투자자 신세에 빠진 사람들을 살려내는 것을 목표로 책을 시작했다. 사람들은 A투자자나 B투자자의 꿈을 안고 시작했지만, C투자자 나 D투자자가 되어 경매, NPL 투자 무대에서 사라지려는 위험에 빠진 사람들을 구해내기 위한 책이 바로 이 책과 다음 책이다.

더 간단히 정리해보자. 살아서 경험하게 된 지옥의 불구덩이에서 빠져나오는 방법을 보여주겠다는 것이 필자의 집필 동기다.

# 단 한 사람의 경매 투자자라도 도와줄 수 있다면

필자가 경험했거나 알고 있는 것보다 경매판에 깔린 지뢰들은 훨씬 더 다양하고 종류도 많을 것이다. 즉 필자가 경험했거나 알고 있는 위험한 경매들은 실제 경매판에서 일어나고 있고, 일어날 수 있는 경매 사고에 비하면 말 그대로 빙산의 일각이라는 것을 인정한다면, 이 책에서 보여주고 있는 해결책 역시 그 한계는 뚜렷하다고 할 수밖에 없을 것이다.

그럼에도 불구하고 이 책과 다음 책을 통해서

① 날릴 처지에 빠졌던 입찰보증금을 회수하고,
② 명도 문제에 대한 해결책,
③ 체납관리비 함정에 빠졌을 때,
⑤ 유치권 있는 물건의 요리방법,
⑥ 법정지상권 있는 물건의 함정에 빠졌을 때,
⑦ 배당에서 문제가 발생했을 때

단 한 사람이라도 더 살려낼 수만 있다면 그것만으로도 이 책의 가치는 충분하다는 용기에서 이 책을 시작한다. 거듭 말씀드리지만, 필자는 대한민국 경매판에 퍼져 있는 '병'에 대해서 이 책을 통해 '처방전'을 보여드리겠다는 일념으로 쓰기 시작한다.

# 경매, NPL 투자자 목에
# 걸리는 가시 유형

## 경매 NPL 투자판의 다양한 형태의 암(癌)덩어리들

"지역분석 잘못하기"

"입찰 시점 선정 잘못하기"

"물건 선정 잘못하기"

"부동산 등기부 권리분석 잘못하기"

"임차인분석 잘못하기"

"수익률분석 잘못하기"

"응찰가격 산정 잘못하기"

"명의자 선정 잘못하기"

"인수비용 잘못 계산하기"

"자금 조달 잘못하기"

"명도 대책 잘못하기"

"부동산 가치 파악 잘못하기"

"임대 가치 파악 잘못하기"

"미래 가치 파악 잘못하기"

"매매가격 산정 잘못하기"

"처분 시점 잘못하(잡)기"

"보유, 처분 세금 대책 잘못하기"

등이 경매판에 퍼져 있는 대표적인 암덩어리들이라고 생각해보자.

물론 이외에도 훨씬 더 많이 있을 것이다. 독자 여러분들의 상상력을 동원해서 이것들보다 더 많고 어려운 부동산 경매 투자판에서 일어날 수 있는 난제를 고민해보자. 그런다고 스스로 답을 잊지 못했다고 비난할 일은 아닌 듯하다.

## 22년 경매 투자자인 필자의 화두

이 책을 쓰고 있는 때를 기준으로 부동산 경매 투자가 22년째인 필자의 고민은 오늘도 계속되고 있다.

"부동산 경매 투자의 성공과 실패의 기준이 무엇인가?"

"부동산 경매 투자하는 진짜 목적이 무엇인가?"

"내가 더 많은 이익을 취하면 상대의 이익은 줄어드는가?"

"수익률만이 성공 투자의 가늠자인가?"

"경매와 NPL은 수단인가, 목적인가?"

"견고하기만 한 경매 투자에 대한 편견의 원천은 무엇인가?"

"어느 시점에서 따져보아야 '성공–실패'를 말할 수 있을까?"

"내가 알고 믿고 있는 투자의 원칙이 진실인가?"

"더욱 많은 내 이익을 위해 누군가를 해한 적은 없는가?"

"그렇게 부를 축적한들 어떤 의미가 있을까?"

"내가 하는 말의 의미를 어느 정도까지 알고 말하고 있을까?"

"내가 쓴 글들의 의미를 어느 정도까지 알고 쓰고 있을까?"

"내 생각과 말, 그리고 글들이 대한민국 경매판에서 어떤 역할을 하는 걸까?"

"여태껏 옳은 판단과 투자를 하고 있는가?"


이와 같은 것들인데, 고개를 쉽게 끄떡일 답을 말하지 못하는 것을 보면 가야 할 길이 멀다는 생각이다. 경매 투자는 잘하고도 부동산 번지수와 시장 가치와 미래 가치를 놓쳐서 바보 노릇을 한 경우도 있었을 것이다.


"경제체제하에서 경매판의 투자 매력은 언제까지 계속될까?"

# 얼마 전 어느 독자로부터 받은 편지의 대강

"박사님이 쓴《위험한 경매》책 시리즈 전부를 아주 흥미롭게 읽은 왕팬입니다."

"네, 반갑습니다. 그렇게 이야기해주시고 격려해주시는 분들이 아직도 많이 계십니다."

"박사님 책의 콘셉트나 내용도 좋았지만, 박사님의 삶의 철학과 집필의 철학이 멋있어 보여 편지를 쓰게 되었습니다."

"무슨 말씀이세요?"

"박사님처럼 책을 쓴 사람들이 그다지 없잖아요?"

"《위험한 경매》와 같은 책을 쓰는 사람들이 없는 바람에 저에게까지 기회가 돌아온 거죠. 그리고 그런 책을 제가 쓸 수 있었던 것은 제 복이라고 생각하고 감사한 마음입니다."

"저는 다른 면을 좀 말씀드리고 싶어서요."

"말씀해보세요."

"일반적인 사람들은 남들이 모르는 투자 비법이라도 하나 가지고 있으면 가능하면 알려주지 않고 자기만 혼자 꽁꽁 싸매서 공개 안 하려고 하는데, 박사님은 알고 있는 것들을 가능하면 한 사람이라도 더 알려주려고 노력하시는 모습이 좋은 것 같습니다."

"저는 그 부분에 관해서는 제 생각이 옳다고 생각하고 삽니다.

"그러신 거 같아요!"

"그래서 위험한 경매 책 시리즈를 쓸 수 있었다고 생각합니다."

"그래도 너무 공개하고 풀어헤치시는 것 같아요, 저라면 그렇게까지는 하지 않을 것 같아요, 아니 하지 못할 것 같아요."

"요즘이 어떤 세상인데요, 독점을 오랫동안 유지해서 평균 이상의 이익을 누린다는 것은 이제는 불가능한 세상이라고 생각합니다."

"그렇기는 하지만, 아무튼 아는 것을 감춤 없이 공개하기가 쉽지 않잖아요?"

"'평균 이상의 수익'이 발생하는 시장이나 투자처는 절대 오래 유지하기 어렵습니다. 그렇다면 차라리 먼저 확실히 공개해서 그 시장에서 선두를 치고 나가 점유율을 높이는 것이 더 좋을 것이라 생각합니다."

"그런 점들이 《위험한 경매》 책 시리즈에서 보여서 좋았다는 인사를 드리고 싶어서 편지를 보내게 되었습니다."

"제 생각을 잘 이해해주시니 참 고맙습니다."

"《위험에 빠진 경매판에서 살아나기》라는 주제로 책을 쓰신다고 하셨죠?"

"네. 쓰고 있는 중입니다."

"목을 빼고 기다리고 있는 독자 중 한 명입니다."

"제가 경험했거나 들어서 알고 있는 위험한 경매 세상에 빠졌을 때 살아나오는 방법을 보여드리겠습니다."

책을 쓰는 사람의 입장에서 이런 유형의 편지를 받았을 때의 행복감이란 말로 표현하기 쉽지 않다.

# 경매 투자로 성공하기 위한
# 필수 조건 - 버텨라!

## '자리 잡았다'는 기준이 뭘까?

처음 경매 투자를 시작하려고 할 때는 나름대로 야무진 계획과 거창한 포부를 가슴에 품고 시작하지만, 오랫동안 계속해서 투자를 이어가는 사람은 의외로 많지 않은 것이 사실이다.

"경매 투자자로 성공하려면 두 가지를 잊지 말아야 합니다."

"몇 건 정도를 낙찰받고 매각해봐야 자리 잡았다고 할 수 있을까요?"

"이론 공부나 임장, 입찰보다 더 중요한 것이 있습니다."

"다른 책에는 그것들이 중요하다고들 하던데요?"

"중요하지 않다는 이야기가 아니고, 중요한 다른 한 축이 또 있다는 이야기입니다."

"종잣돈 이야기세요?"

"물론 종잣돈도 중요하지요."

"다른 뭐가 있을까요?"

"어떤 투자판이든 그 판에서 수익이 날 때까지 '버틸 수 있는가?'가 중요한데, 이 부분을 그다지 중요하게 생각하지 않는 분들이 있는 것 같습니다. 이 대목을 놓치시면 오래 버티기 어렵습니다."

"그런가요?"

"경매에서 나오는 수입으로만 매달 생활비 등이 지속적으로 조달되지 않은 상황에서 경매 투자를 전업으로 하겠다는 사람들은 실패 확률 120%입니다."

"못 버티고 떠난다는 이야기이신가요?"

"그렇게 되어 있습니다. 3년 이상 못 버티고 떠나게 됩니다."

"투자 당시에 가지고 있던 원금 말고, 경매를 통해 구입한 부동산에서 발생하는 임대료나 매각 등으로 발생한 수입금을 가지고 또다시 투자가 가능한 지속 가능한 투자 시스템이 만들어지려면 시간이 필요하다는 말씀이신가요?"

"초보자의 경우, 1년에 두 건 이상 낙찰받기 어렵습니다. 종잣돈의 문제일 수도 있지만, 거기서 나오는 수입만으로 생계가 해결될 만큼 수익이 높은 물건을 낙찰받기란 현실적으로 불가능에 가깝습니다."

"버티기 어렵다는 말이 그런 의미인가요?"

"말 그대로 경매로 발생한 수입으로 생활할 수 있고, 재투자가 가능해야 비로소 경매판에 자리를 잡았다고 본다는 이야기입니다. 그렇게 될 때까지는 상당한 시간이 어쩔 수 없이 필요하게 됩니다. 재투자 구조의 시스템이 구축되려면 말입니다."

이 부분에 관한 이해가 부족한 분들이 많다. 그 결과로 경매 초보자들은 그 시스템을 만들지 못해서 한두 건 낙찰받고는 더는 버티지 못하고 경매판을 떠나는 것이 솔직한 현실이다. '조금만 더 버텨주면 참 좋을 텐데…' 하는 아쉬운 사람들의 경우를 자주 보고 있다.

경매 공부를 시작하고 투자를 시작해서 수익이 발생하지 않은 단계에서 생활비 등이 조달되지 않으면 당초 생각했던 경매로 전업 투자를 각오했던 것과는 달리 시작한 지 1~2년 내로 접게 되는 경우가 흔하게 발생한다.

## 중장기 보유용과 단기 처분용으로 구분하라

"이 문제를 해결하기 위한 대책은 뭐가 있을까요?"

"경매 투자 물건을 '단기용'과 '중장기용', 두 가지로 분리해서 투자해야 합니다."

"'단기(단타) 매각용'과 '중장기 보유용'으로 분리하라는 말씀이시죠?"

"단기용은 매매차익을 실현하는 것이 목적이어야 하고, 중장기 보유용은 임대수익(월세)이 발생하는 물건으로, 보유하면서 버티기가 가능한 물건들로 구분해서 투자하는 전략을 세워야 합니다."

단기 물건은 낙찰 후 필요할 때 매각해서 차익을 생활비 등에 사용하고 원금은 또다시 투자 종잣돈으로 사용하고, 중장기 보유용은 낙찰받은 물건에서 발생하는 임대 수입 등의 형태로 매달 고정수입이 있어야 경매판에서 버티기가 가능하다는 이야기로 이해하면 된다.

"매각은 가끔 있는 일이고, 임대 수입은 매달 발생하기 때문에 이 두 가지를 짜 맞추면 경매 투자자로 자리 잡을 때까지 버티기가 가능합니다."

"부동산 경매 투자의 특징을 잘 파악하라는 말씀이시죠?"

"그렇습니다."

"이렇게 해서 얻는 효과가 뭘까요?"

"경매 투자를 경험한다는 것입니다. 내 돈 싸 들고 가슴 졸이면서 하는 투자만큼 효과적인 공부방법이 따로 없습니다."

"입찰 경험과 낙찰 경험을 구분하라는 것처럼 들립니다."

"대부분 사람들이 구분 없이 쓰지만, 엄청난 차이가 있습니다."

"돈이 주는 부담일까요?"

"뭉칫돈 싸 들고 전쟁터에 들어가 봐야 진짜를 경험하게 됩니다."

"낙찰 경험이 별로 없고 종잣돈마저 부족한 사람들에게 구체적인 조언을 한다면 어떤 것이 있을까요?"

## 자리 잡을 때까지는 '투잡'이라도 하라!

무슨 일을 할 때 신념에 차 있는 사람과 그렇지 않은 사람과는 진행 과정이나 결과에서 많은 차이가 난다는 것이 심리학 등을 공부한 전문가들의 견해다. 나는 이쪽 전문가는 아니라서 더 이상 언급하지 않겠지만, 경매 투자에 적용시켜도 맞는 말임이 틀림없다. 필자가 20여 년 전에 경험한 실사례를 소개한다.

1999~2006년까지 서울 구로동에 있는 (재)경영기술개발원이라는

교육기관에서 IMF 사태로 인해서 실직자가 된 사람들을 상대로 실직자 재취업 과정으로 진행하는 경매 강좌가 있었다. 필자가 병아리 경매 강사로 등단한 이곳에서 실전 투자와 명도에 대해 3년 정도 강의했었는데, 이곳 수강생 중 기억에 남는 분의 이야기를 해보겠다.

## 냉혹한 경매 세계를 알려달라던 수강생

그 수강생은 한국통신에서 부장대우로 근무하다가 IMF 여파로 명예퇴직을 한 분이었는데, 당시 나이가 40대 후반이었다. 하루는 쉬는 시간에 잠깐 할 이야기가 있다면서 강의 끝나고 저녁에 소주 한잔힐 시간을 내줄 수 있냐고 묻기에 좋다고 대답하고, 2호선 구로공단역 근처에서 또 다른 한 사람(그분과 공동 투자하기로 약속한 사이)과 세 명이 저녁을 겸해 한잔하게 되었다.

술이 몇 잔 돌고 분위기가 편해지자 그가 본론을 꺼냈다. 3개월가량 경매 이론을 공부해서

① 말소 기준

② 권리분석, 배당표 작성

③ 임장 활동 시 체크사항

④ 응찰 시 주의사항

⑤ 임차인 대책

⑥ 물건 현장조사

⑦ 법원 견학

⑧ 모의 입찰

⑨ 명도전략

⑩ 임대 등 처분전략 등

이론적인 것들은 어느 정도 윤곽이 잡히는데 정작 중요한 것은 경매 투자에 대한 확신이 서지 않고, 더 중요한 것은 실탄(본인 표현)이 없다는 것이었다. 고1, 중1짜리 아들 둘이 있는데 앞일이 걱정이라는 말을 덧붙였다.

## 경매 투자를 위한 최소한의 종잣돈도 없단다

경매 투자에 확신이 서지 않는 것은 이해가 되는데, 직장 생활을 20여 년 하고 퇴직금까지 받았을 텐데, 종잣돈이 없는 것은 이해가 안 된다고 물었다. 그는 재직 중에 주식 투자로 까먹은 것을 퇴직금으로 중간 정산하는 바람에 퇴직금이 얼마 남지 않았고, 융자받아 마련한 평촌의 32평형 아파트가 전 재산이라고 말했다.

그러면서 부탁하기를 부동산 경매에 투자해서 돈을 얼마 벌었다는 환상 말고 냉혹한 경매 세계를 아는 대로 솔직하게 말해달라고 했다. 의외의 부탁이었다. 사실 이 대목이 10여 년 뒤인 2010년에 필자가 《위험한 경매》 시리즈를 집필할 깨달음을 주었다.

## 누가 뭐래도 부동산 '경매 투자는 지구전'이다

그래서 나는 경매의 실전 이야기를 꺼내기 시작했다. 경매 투자 구조를 이미 이해하고 있어서, 기본적인 것은 생략하고 한 집안의 가장이 경매 투자를 전업으로 삼아 본격적으로 뛰어들었을 때 당장 겪게 되는 문제부터 이야기했다. 쉽게 말씀드리자면 경매 투자로 생기는 수입만으로 생활이 가능할 때까지 '버틸 수 있는가?'에 대해서 말씀드렸다.

그중 제일 먼저 생기는 문제가 수입의 불균형으로, 월급쟁이 생활을 수십 년 동안 해온 사람들이 가장 적응하기 힘들어하는 점이다. 경매는 구조상 돈이 들어올 때는 한꺼번에 몇천만 원 또는 몇억 원이 들어오기도 하지만, 안 들어올 때는 몇 달, 심지어는 1년 이상 소득이 없을 수도 있다. 또 시작하고 나서 처음 6개월에서 1년가량은 수입이 거의 없는 경우가 일반적이다.

## 초보가 한두 건으로 돈 되는 물건 만나기 쉽지 않다

그리고 초보자가 도전 한두 번 만에 수익이 높은 물건을 낙찰받기도 쉽지 않다. 낙찰받는다고 해도 잔금 치르고 명도해서 처분하기까지 5~6개월 걸리는 것은 기본이고, 단기매각용으로 결정하고 낙찰받은 물건이 낙찰에서 처분까지 심지어 1년 이상 걸리는 경우도 자주 발생한다. 이런 경우 자금 사정 등으로 하루라도 빨리 처분하자는 조급증에 빠지면 당초 생각했던 가격을 온전히 다 받고 매각한다는 보장도 없게 되는 경우도 발생하게 될 수 있다.

또 마음에 드는 물건 한 건 조사하는 데 최소한 10만여 원의 비용이 들어가고, 물건 선정에서 입찰까지 1~2개월 기다리고 준비해야 하는 것이 경매 투자의 특징이고, 열심히 쳐다보고 있는데 도중에 경매가 취하되어버리거나, 응찰했는데 다른 사람이 낙찰받아버리면 그 시간과 비용은 날아가버리고 만다. 이런 경험이 몇 차례 반복되면 낙찰 한 건 받기도 전에 지쳐버리게 된다.

그래서 중요한 것이 '장기적'으로 버틸 수 있어야 하고, 처음부터 그럴 각오가 되어 있지 않거나, 이와 같은 경매판의 기본 구조를 이해하지 못한 상태에서 시작하면 버텨서 살아남을 가능성은 낮다.

여기까지 말을 했더니, 장기전으로 버틸 방법이 있으면 꼭 알려달라고 하셨다.


## 새벽 우유라도 배달하겠다는 각오가 필요

나는 "신문이나 우유 배달을 할 각오로 버텨서 2~3년만 고생하시면 경매판에서 홀로서기 할 수 있는 기본은 구축할 수 있다"고 말씀드렸다.

놀라거나 불쾌하게 생각할 줄 알았는데 자기도 고민해본 내용이었다며 고맙다는 말을 했다. 덧붙여서 물건 조사는 일요일 오전에 하는 것이 시간과 비용이 덜 들어 경제적이라는 것을 말하고 나서 헤어졌다.

그리고 강의 수료 후 한참 있다가 연락이 왔는데, 처음에는 새벽에 우유 배달을 하고, 어느 정도 몸에 배사 오후에는 저녁 신문까지 배달하면서 물건 조사를 하러 다녔다는 말을 들었다.

그로부터 2년 이상 우유배달을 하면서 몇 건 낙찰받아 이제는 자리를 잡았고, 여유가 생기자 저녁신문 배달은 그만두고 공인중개사 공부를 해서 합격했는데 부동산 중개업소는 오픈하지 않고 경매에 집중하고 있다고 했다. 어떤 어려움을 무릅쓰고서라도 초기의 위기를 이렇게 극복하고, 2년에 다섯 건 정도 낙찰받아 처분(임대든 매매든)했다면 일단은 자리를 잡았다고 봐도 무난하다.


## 시간이 흘렀어도 본질은 달라지지 않는다

독자분들 중에서도 가장으로서 경매를 처음 시작하면서 전업으로 하겠다는 사람이 있다면 참고하는 것이 좋을 것 같다. 고정적인 수입이 있는 가장이나, 남편의 수입이 있으면서도 부업(?)으로 경매를 하려는 여성들도 부동산 경매 투자 구조가 초기에는 수입이 없다는 것을 알고 시작하시면 참고가 될 듯하다.

필자가 강조하고 싶은 이야기는 경매 투자로 수익이 발생해서 재투자가 가능할 때까지 버틸 수만 있다면 경매 투자판에 안착했다고 생각해도 된다는 이야기다. 지금도 수많은 사람들이 '병아리 노란 옷'을 입고 경매 공부와 투자를 시작하지만, 정작 자리 잡았다고 할 수 있는 투자 경력 최소 5년을 채우지 못하고 떠나가는 사람이 95% 이상인 것이 냉엄한 현실이다.

극단적으로 말해보자. 필자의 판단으로는 경매 공부 100명이 시작하면

1년 뒤에는 50명이 남아 있기 어렵고, 3년 뒤에는 다섯 명이 투자판에 남아 있기 어려운 것이 경매판이라고 본다. 주식 투자처럼 핸드폰만 있으면 언제든지 할 수 있는 투자가 절대 아니다. 다시 말해, 투자에 많은 제약들이 있다는 것이다. 물론 그런 제약들을 넘어가면 꿀맛을 맛볼 수 있다.

그중에서 초보 투자자가 경매 투자자로 자리 잡기 어려운 점 중 하나가 단기로는 경매 투자에서 생기는 수입만으로 생계유지가 어렵기 때문이다. 경매 투자의 최대 취약점이라고 할 수 있는 시작 단계의 리스크(수입이 없는 것)를 신문 배달이나 우유 배달로 만회하면서 몇 건 낙찰받는다는 전략에 동의해 몸소 실천한 분의 경우처럼, 경매에 대한 확신과 신념이 있어야 성공할 수 있다.

그러고 나서 몇 년 후, 다시 만나 저녁을 먹은 적이 있었다. 주위의 시선들 때문에 망설이고 망설이다가 용기를 내어 시작했는데, 다행히 집사람도 응원해주고 꼬마들도 기죽지 않아 힘은 들었지만 극복할 수 있었다고 하셨다. 최근에는 체계적인 부동산 공부를 더 하고 싶어 모 대학 야간대학원 부동산학과 석사과정에 입학했다고 하시면서 늦게 시작한 공부로 너무 행복하다고 이야기하셨다.

"돈 없어서 걱정도 했지만, 가족이 버티고 있어 몸으로라도 때울 생각을 하니 무서울 게 없었다"라고 하셨다.

문득 시간의 무상함이 느껴진다. 벌써 20여 년 전의 이야기니 말이다. 그 당시 필자 나이는 30대였는데, 지금은 50대 후반이다. 물론 아쉬움은 없다. 20여 년 경매판에 있으면서 부동산 석사학위도 받았고, 박사학위도 땄다. 오로지 경매판에서 발생한 소득만으로 버텼고, 또 20년을 행복하게 버틸 자신이 있다. 독자 여러분들도 그럴 수 있었으면 좋겠다.

# 재매각 경매 비율이 10%만
# 낮아진다면 행복하겠다

어떤 경매 사건에 응찰했던 사람이 당일 응찰가격 10억 원짜리 경매 물건에 응찰하면서 입찰보증금으로 1억 원을 제공했다가 경매가 재경매 사건 단계에서 취하된다면, 그 보증금을 회수하는 것을 알 수 있다. 어떤 이유로 경매가 취하되었는지는 중요하지 않다. 이 책의 방법처럼 본인의 노력으로 회수했을 가능성도 있지만, 어부지리도 있을 수 있다.

낙찰받은 후 잔금납부 포기로 입찰보증금을 날렸다고 낙담했던 낙찰자가 입찰보증금을 회수했다면 그야말로 기사회생했다고 할 수 있을 것이다. 살아 경험했던 지옥에서 극적으로 빠져나온 것이다. 그럴 수 있는 방법을 이 책과 다음 책에서 보여드리겠다.

그것을 학습해서 만약 여러분이 이런 상황에 부닥치면 능동적으로 탈출할 수 있는 재주를 갖추라는 말을 해드리고 싶다. 이 책이 그러한 대강의 노하우를 제공한 책으로 기억된다면 필자는 충분히 행복하다.

# 이쯤에서 필자가 여러분들에게 드리는 숙제 하나

이런 내용까지 공개해도 되나 염려되는 분들도 계실 것 같다.

- "우 박사, 용기가 가상하네!"
- "용기가 가상한지 무모한지 잘 모르겠네!"
- "아무튼, 가능한 방법이라면 정말 충격적이다!"
- "시중에 그 많은 경매 책들은 아직 공개하지 않았을까?"
- "왜 지금까지 이런 내용을 공개한 책들은 왜 없었을까?"
- "정말 독자들에게 구체적이고 실질적으로 도움이 될 것 같다!"
- "경매 서적판을 우 박사가 또 한 번 뒤흔들겠구먼."
- "경매판에 병 보여주고 약 주고 하는 것이 정말 대단하네!"
- "우 박사가 이슈를 선점하는 재주는 비상해. 내용을 이런 식으로 공개해서 감사하네!"
- "입찰보증금 날릴 뻔한 사람들이야 정말 다행이지만 이로 인해 손해를 보는 사람들은 안 생기나?"

이런저런 궁금점을 가지고 계시는 분들이 있을 것이다.

대한민국 부동산 경매판은 '경매 신청권자의 권리를 인수해서 경매를 취하할 수 있는 권리를 입찰보증금을 날릴 운명에 처한 낙찰자가 가지게 된다!'는 방법을 공개하는 이 책과 다음 책을 기준으로, 이전과 이후로 구분될 것이다.

그리고 이 논쟁은 당분간 뜨거울 것이다. 찬사와 감사의 마음을 갖는

다수와 필자를 의혹의 눈초리로 바라보는 아주 소수의 사람이 있으리라는 것을 잘 안다.


## 어린 시절 내 고향 해남에서의 여름

가난한 어린 시절, 지금은 땅끝마을로 더 유명한 해남에서 자랄 때, 어머니는 아들놈들에게 먹일 여름 보양식으로 미꾸라지를 자주 잡아오셨다. 어머니가 그 미꾸라지를 우물가(샘)에 가져가서 고무통에 들이붓고는 소금을 한 주먹 뿌리고 뚜껑을 얼른 덮으면, 통 안에서 요동치던 미꾸라지들의 몸부림 소리가 지금도 귓가에 생생하다.

필자가 전격 공개하는 이 방법으로 대한민국 경매판에 해남 천일염이 가마니째로 들이부어진 것을 느낄 수 있다. 필자가 감히 용기를 낸 것이 맞다. 이제부터는 독자 여러분들이 호응해주실 차례다. 필자를 사랑하는 염려와 우려를 보내시는 독자들의 뜨거움이 느껴진다. 그러나 누구도 손해 보지 않는 구조다. 그러니 그다지 염려하지 않으셔도 된다.

《위험한 경매》 시리즈를 기획하고 쓸 때도 각오했던 부분이다. 이런 정도의 압박은 충분히 견딜 자신이 있다. 아낌없는 성원을 보내는 전국의 수많은 독자가 있다는 것을 잘 알고 있다.

이런 내용을 공개했다고 외부에서 압박이 온다면 즐기겠다. 인생이라는 것이 어차피 시련 속에서 단련되는 것 아니겠는가. 이런 정도의 시련은 필자에게는 시련도 아니다. 게다가 성원을 보내주는 전국의 독자 여러분은 나에게는 너무나 든든한 백만의 응원군이다. 용기를 낼 수 있었던 힘의 원천이 바로 여러분들이다.

독자 여러분의 사랑은 《위험한 경매》 시리즈를 통해서 이미 경험했고, 지금도 느끼고 있다. 다만 경매를 담당하시는 법원 관계자분들에게는 일이 늘어나는 것에 대해서는 송구한 마음이다. 한 번으로 끝날 일을 두 번 해야 하니 말이다. 이 자리를 빌려 그 마음을 전한다. 기회비용이라고 생각하시고 너무 노여워하지 않았으면 한다. 그러나 다른 쪽에서는 감사해하는 더 많은 사람들이 있다는 것을 안다. 전국에서 경매를 전업으로 하는 분들과 또 하려는 백만 응원군들이 그들이다. 놀라는 표정이 보이기도 하고, 무릎을 치는 분도 보인다. 그중에는 진즉에 알았더라면 '피 같은 내 입찰보증금을 안 날릴 수도 있었을 텐데…' 하고 탄식하는 분들도 계실 것이다. 이제라도 알았으니 그것으로라도 위안으로 삼자는 말씀을 드린다.


## 독자 여러분들의 사랑에 어느 정도는 보답했다

필자는 이 책의 출간으로 내가 할 일은 어느 정도 했고, 책값은 했다는 자부심이다. 간단히 말하면 밥값은 했다는 생각이 든다. 《위험한 경매》 시리즈를 통해 경매 투자의 위험성을 충분히 경고했고, 지금도 하고 있다. 호응하는 독자가 더 많으셨지만, 대안 없이 문제만 부각시켰다며 비난하는 분들도 일부 계셨다. 대안은 분명히 있었지만, 때를 기다렸을 뿐이다. 그래서 조금만 기다려달라는 당부를 드렸다. 책의 성격상 따로 만들어야 할 필요가 있어 이제야 공개할 뿐이다. 그러면서도 또 하나 염려되는 것이 있다. 우 박사의 경매에 대한 진심을 잘 모르겠다고 말씀하시는 독자들의 목소리다. 언뜻 보면 마치 병 주고 약 주는 것처럼 보일 수도 있다는 것이다. 아니면 공갈치고 달래고 하는 것처럼 보일 수도 있을 것이다.

무슨 말인가. 언제는 《나는 부동산 경매로 17억 벌었다》로 경매판의 삐끼 같은 짓을 하더니, 그 후엔 《위험한 경매》 시리즈를 통해서는 경매판에 살 떨리는 경고를 했다. 그러더니 지금은 《경매쟁이 목에 걸린 큰 가시 빼내기》라는 책으로 갑자기(?) 전국의 재매각 물건을 줄이는 전사가 되려고 한다. 도대체 어떤 장단에 춤을 추라는 말인지 혼란스럽다고 말하는 분들이 계시다. 혼란스러워할 일은 결코 아니다. 서로를 각각의 조각으로 보지 마시고, 전체를 조망해주시면 된다. 마치 퍼즐처럼 말이다. 그러면 필자의 충심이 이해될 것이다. 깊은 바다의 수면 아래를 고민해달라는 부탁으로 이만 줄인다.


## 재매각 비율이 10%만 낮아진다면 행복하겠다

필자가 이 책을 통해 제시한 방법으로, 입찰보증금 날리는 재매각 비율이 전국적으로 10%만 낮아진다고 해도 의미는 충분하다. 전국적으로 경매 물건에서 잔금납부 포기로 재매각당하는 물건으로, 날아가는 입찰보증금의 10%라면 얼마나 어마어마한 돈일지 가늠조차 제대로 되지 않는다. 인원 수로 따져도 상당한 수가 될 것이 분명하다.

그렇게만 된다면 이 책을 통해 필자가 대한민국 경매계에 일조한 것

맞다. 재매각률과 물건 수를 낮추는 데 말이다. 전국적으로 입찰보증금을 날려 재매각에 붙여지는 물건 수와 비율에 대해서는 《위험한 경매》 시리즈에 소개되고 있다. 참고해볼 가치가 충분하다.

그러나 이 대목에서 중요한 것이 하나 더 있다. 전국적으로 입찰보증금을 날리는 사람의 비율이 3%이든, 5%이든 아니면 10%이든, 자신과 직접 상관이 없다고 생각하는 분들이 많다는 점이다. 또한, 날아가는 입찰보증금이 100억 원이든 200억 원이든, 그것 역시 타인의 이야기일 뿐이라고 생각하실 것이다. 하지만 비극의 주인공이 바로 여러분이 될 수도 있다. 이 책은 그때 비로소 빛을 발할 것이다. 입찰보증금을 날릴 비극에 처했을 때, 이 책과 다음 책의 한 줄 내용이 결정적인 도움을 줄 수 있을 것이다. 그 점이 의미 있고, 중요한 사항이 아니겠는가. 독감이 유행하기 전에 맞는 예방주사 역할을 할 것이고, 병이 발병한 이후에는 항생제 구실을 해줄 것이다.

입찰보증금을 날릴 함정에 빠졌을 때 탈출하는 방법을 공개하는 이 책을 활용해주시면 필자는 충분히 행복하겠다. 전국 재매각 경매 물건이 10%만 줄어든다면 행복하겠다는 말은 겸손을 떨려고 하는 빈말이 아니다. 다시 말씀드리지만, 핵심은 함정에 걸렸을 때, 빠져나올 방법을 독자 여러분에게 공개했다는 자부심이다.

# 모두가 행복한 필살기

이미 이해하셨지만, 여기서 보여드릴 방법은 대강 이렇다. 얼토당토 않게 비싸게(또는 권리분석을 잘못했거나 등의) 응찰했다가 입찰보증금을 날릴 상황에 부닥친 낙찰자가 경매를 신청한 금융기관(또는 개인)의 채권(권리)를 매입해 경매를 취하할 수 있는 권리를 확보한 다음, 경매를 취하시켜 처음 응찰 시 제공했던 입찰보증금을 돌려받는 시나리오다. 입찰보증금을 회수한 다음, 다시 처음부터 경매를 신청해 저당권을 매입할 때 투자던 금액을 회수하는 방법이다. 이 책과 다음 책에서 보여드리겠다. 참기름 바른 듯이 매끄럽고 산뜻하다. 어떤 꼼수나 트릭도 끼어들 여지가 없다.

무슨 내용이었는지 스스로 정리해보시기 바란다. 두 차원 높은 고수가 보여준 한 수였다는 것을 느끼실 것이다. 결론은 아는가, 모르는가의 차이가 있을 뿐이다. 몰라서 입찰보증금을 날리게 되는가, 알아서 지킬 수 있는가의 갈림길에는 백지장만큼의 차이만 있었을 뿐이다.

# 자본주의체제에서 노예로
# 살지 않을 수 있는 방법

21세기 자본주의 국가에서 '노예'가 있다고 필자가 말하면 여러분들은 어떤 반응을 하실지 잘 모르겠지만, 돈과 시간에서 자유롭지 못한 삶은 중세시대의 노예와 삶의 형태가 별반 다르지 않다고 생각한다. 다른 것이라고는 발목에 족쇄가 채워져 있지 않고, 등에 채찍질당한 상처가 없다는 것 말고는 없을 것이다. 돌려 말하지 말고 냉정히 따져보자. 그 상태를 빠져나오겠다고 준비 없이 서둘러 대강 경매판에 뛰어든다고 성공이 보장되는가. 서두르기만 한다고 될 일이 아닐 수 있다. 제대로 준비 없이 의욕만 앞세워서 시작한다고 성공을 경험할 수 있는가. 절대 그렇지 않다는 것이 필자 생각이다. 그 점에 대해서는 이미 《위험한 경매》 시리즈에서 충분히 보여주었다고 생각한다.

# 이 정도는 알고 시작하자

경매에 투자하면 높은 수익을 올릴 수 있다는 말이 틀린 말은 아니다. 그러나 전제되어야 하는 조건이 하나 있다. '잘해야' 한다. 그것도 아주 잘해야 한다는 것이고, 그러기 위해서는 사전에 '공부해야' 한다. 아무리 바빠도 바늘허리에 실을 묶어서 바느질할 수는 없는 것과 마찬가지다. 기본에 충실하지 않은 투자의 결과는 비참하다. 경매 투자로 피 바가지 쓰는 실패사례 유형들을 잠시 살펴보자.

- 경매 정보지도 볼 줄 모르는 강심장
- 사건번호가 뭔지도 모르는 강심장
- 사건번호와 물건번호의 차이도 모르는 강심장
- 채무자와 물상보증인의 차이도 모르는 강심장
- 채무자에게 송달의 의미도 모르는 강심장
- 임의경매와 강제경매의 차이가 뭔지도 모르는 강심장
- 물권과 채권의 차이도 모르는 강심장
- 입찰표도 쓸 줄 모르는 강심장
- 입찰가격과 보증금액란의 차이도 모르는 강심장
- 시세 무시하고 낙찰부터 받고 보겠다는 강심장
- 권리분석이 뭔지도 모르고 응찰하는 강심장
- 권리분석도 제대로 안해 보고 응찰하는 강심장
- 말소기준권리도 찾을 줄 모르는 강심장
- 대항력 있는 임차인의 의미도 모르는 강심장

- 주택, 상가건물임대차보호법도 안 읽어본 강심장
- 대항력, 최우선배당, 확정일자의 내용도 모르는 강심장
- 대항력의 발생 원인에 대해서 모르는 강심장
- 임차권등기 내용과 효과도 모르는 강심장
- 전세권등기와 임차권등기 차이도 모르는 강심장
- 인수주의가 뭔지도 모르는 강심장
- 명도가 뭔지도 모르는 강심장
- 명도 첫 단추 잘못 끼우면 무슨 일 날지 상상도 못 하는 강심장
- 배당요구 종기일의 의미를 모르는 강심장
- 배당순서가 어떻게 되는지도 모르는 강심장
- 국세와 지방세 배당순서도 모르는 강심장
- 배당표 한 장 못 쓰는 강심장
- 소액최우선배당의 의미와 순서도 모르는 강심장
- 순위배당의 의미와 순서도 모르는 강심장
- 소액최우선이동배당의 순서도 모르는 강심장
- 동시배당, 이시배당의 순서도 모르는 강심장
- 토지별도등기 있는 물건의 배당 순서도 모르는 강심장
- 전세권 설정된 물건의 배당 순서도 모르는 강심장
- 지상권 설정된 물건의 의미도 모르는 강심장
- 지분 물건의 배당 순서도 모르는 강심장
- 경매 컨설팅업체가 어떻게 돈 버는지 모르는 강심장
- 심지어 등기부도 볼 줄 모르는 강심장 등.

이와 같은 강심장들이 내지르는 대박 타령에 정신이 혼미하다.

동서남북 방향 파악도 하지 않은 채, 몇 푼 벌었다는 소설 같은 이야기에 홀려 남의 뒤꽁무니만 보고 쫓아간 길의 끝은 보지 않아도 보인다.

## 망할 때 망하게 해주는 경매판은 정직하다

유명 백화점에서 어떤 직원이 명품 끝자리에 '0' 하나 더 붙이자 불티 나게 팔렸다는 뉴스를 이미 보신 적 있으실 것이다. 80만 원짜리 핸드백이 졸지에 800만 원짜리로 변신하고, 300만 원짜리 모피코트가 3,000만 원짜리가 되면 더 귀한 대접을 받는 세상이다.

필자의 지인 중에 강남에서도 유명한 성형외과 원장님 겸 명문대학의 해부학 실습 교수님이 계신다. 만나면 재미있는 이야기를 많이 하신다. 그중 한 가지가 자기 품삯에 대한 부분이다. 성형외과 개업의니까 당연히 수술비용에 관한 것이다. 성형수술 가격을 양심껏 부르면 예뻐지려는 손님들의 표정이 묘하게 변한단다. 사람을 어떻게 보느냐는 식으로 말이다.

80만 원 정도면 될 가격을 180만 원이라고 하면 대만족이란다. 개념 없이 사는 사람들의 표본이다. 안 굶어 죽고 잘사는 걸 보면 신기하다. 망해도 진즉 망했어야 할 부류가 여전히 활보하는 세상이다. 그러나 경매 세상에서는 절대 통하지 않는 이야기다. 경매판은 정직하다. 이런 식의 투자 두 번이면 바로 재기불능의 불구덩이다.

감정가격 5억 2,000만 원인 아파트 물건에 '0' 하나 더 붙여 52억 원에 응찰한 사례가 있다. 그저 그런 평범한 경매 물건이 하루아침에 대한민국 최고가의 명품 아파트로 탈바꿈하는 순간이다. 입찰보증금 5,200만 원을 날리는 것은 불을 보듯 뻔하다. 지옥이 따로 없을 것이다. 백화점 명품매장이나 강남 성형외과에서 씌우는 바가지는 경매판에 비하면 차라리 귀여운 수준이다. 최소한 망하게 하지는 않으니까 말이다. 여기에 소개되는 사례들은 이미 잘 알려진 케이스들이다.

## 잔금납부 포기 시 응찰 보증금 날려

초보 병아리는 사람들이 내뿜는 뜨거운 열기로 가득한 경매 법정에서 제정신을 차리기가 쉽지 않다. 실수 안 하는 것이 이상할 정도다. 입찰가격 표기 실수로 낙찰가가 높아진 사례는 해마다 증가하는 추세라고 한다. 부동산 경매 입찰표 응찰가격란 뒷부분에 '0'을 하나 더 써내는 실수가 가장 흔한 실수다. 하나 더 쓴 '0'의 위력은 실로 대단하다.

- ● 3,000만 원에 응찰한다는 것이 3억 원이 되고,
- ● 5,000만 원에 응찰한다는 것이 5억 원이 되고,
- ● 1억 원에 응찰한다는 것이 10억 원이 되고,
- ● 2억 원에 응찰한다는 것이 20억 원이 되고,
- ● 3억 원에 응찰한다는 것이 30억 원이 되고,
- ● 5억 원에 응찰한다는 것이 50억 원이 된다.

낙찰자가 선택할 방법은 보지 않아도 뻔하다. 감정가격 6억 원짜리를 58여억 원을 납부하는 신기록을 수립하든지, 아니면 입찰보증금을 날리는 멍청한 부자들의 대열에 합류하든지 할 것이다. 어떤 선택을 할지는 두말할 필요가 없을 것이다.

- ◉ 3,000만 원에 응찰한다는 것이 3억 원이 되면 300만 원 날리고,
- ◉ 5,000만 원에 응찰한다는 것이 5억 원이 되면 500만 원 날리고,
- ◉ 1억 원에 응찰한다는 것이 10억 원이 되면 1,000만 원 날리고,
- ◉ 2억 원에 응찰한다는 것이 20억 원이 되면 2,000만 원 날리고,
- ◉ 3억 원에 응찰한다는 것이 30억 원이 되면 3,000만 원 날리고,
- ◉ 5억 원에 응찰한다는 것이 50억 원이 되면 5,000만 원 날리고,
- ◉ 10억 원에 응찰한다는 것이 100억 원이 되면 1억 원의 입찰보증금을 날리게 된다.

## 여전히 반복되는 같은 유형의 실수들

필자가 《위험한 경매》 책을 통해 '0' 하나 더 쓰는 입찰 실수에 대해 언급한 것이 2010년이었다. 10년이 지나 이 책을 쓰고 있는 지금도 토씨 하나 안 틀리게 똑같은 입찰 실수가 반복되고 있다.

- ◉ 전북 군산시 2018타경103509, 감정가격 대비 4,800%
- ◉ 강원도 영월군 진부면 임야 2016-4288, 감정가격 대비 1,093.3%

- 서울시 성북구 2012-17746, 감정가격 대비 675%
- 서울시 서대문구 2018타경53848, 감정가격 대비 731.43%

'0' 하나 더 붙여서 응찰하는 사람들의 이야기가 여전히 현재 진행형으로 계속되고 있는 것을 볼 수 있다.

## 입찰 시 '0' 하나 더 쓰는 것의 실수 방지법

입찰 당일, 사람들로 붐비는 어수선한 경매장에서 입찰표를 작성하는 것보다는 차라리 편안하게 집에서 입찰표를 작성해서 입찰일에는 뒤도 돌아보지 않고 입찰함에 집어넣는 것도 입찰 실수를 줄이는 효과적인 방법 중 하나다. 입찰 시 '0' 하나 더 쓰는 실수를 방지하는 또 다른 방법은 입찰표 가격기재란에 보여드리는 방법처럼, 입찰하고자 하는 금액의 앞부분을 먼저 더블유(₩)로 표시해 실수할 가능성을 예방하는 방법도 있다.

# 기일입찰표 예시

## 입찰자가 "개인(자연인)"일 경우

(앞면)

### 기 일 입 찰 표

서울동부지방법원 집행관 귀하

입찰기일 : 2018 년 8 월 15 일

| 사건<br>번호 | 2018 타경 123 호 | | 물건<br>번호 | ※물건번호가 여러개 있는 경우에는<br>1<br>꼭 기재 | |
|---|---|---|---|---|---|

| 입<br>찰<br>자 | 본인 | 성 명 | 나 경 매 ㉑ | 전화<br>번호 | 010-0000-0000 |
| | | 주민(사업자)<br>등록번호 | 901111-0000000 | 법인등록<br>번 호 | |
| | | 주 소 | 주민등록상 주소지 기재 | | |
| | 대리인 | 성 명 | 김 작 성 ㉑ | 본인과의<br>관 계 | 자 |
| | | 주민등록<br>번 호 | 861212-0000000 | 전화번호 | 010-0000-0000 |
| | | 주 소 | 대리인의 주민등록상 주소지 기재 | | |

| 입찰<br>가격 | 천<br>억 | 백<br>억 | 십<br>억 | 억 | 천<br>만 | 백<br>만 | 십<br>만 | 만 | 천 | 백 | 십 | 일 | | 보증<br>금액 | 백<br>억 | 십<br>억 | 억 | 천<br>만 | 백<br>만 | 십<br>만 | 만 | 천 | 백 | 십 | 일 | |
|---|---|---|---|---|---|---|---|---|---|---|---|---|---|---|---|---|---|---|---|---|---|---|---|---|---|---|
| | | | ₩ | 7 | 0 | 0 | 0 | 0 | 0 | 0 | 0 | 0 | 원 | | | | ₩ | 7 | 0 | 0 | 0 | 0 | 0 | 0 | 0 | 원 |

| 보증의<br>제공방법 | ☑현금·자기앞수표<br>□ 보증서 | 보증을 반환 받았습니다.<br><br>입찰자 대리인 김 작 성 ㉑ |
|---|---|---|

주의사항.
1. 입찰표는 물건마다 별도의 용지를 사용하십시오. 다만, 일괄입찰시에는 1매의 용지를
   사용하십시오.
2. 한 사건에서 입찰물건이 여러개 있고 그 물건들이 개별적으로 입찰에 부쳐진 경우에는
   사건번호외에 물건번호를 기재하십시오.
3. 입찰자가 법인인 경우에는 본인의 성명란에 법인의 명칭과 대표자의 지위 및 성명을,
   주민등록란에는 입찰자가 개인인 경우에는 주민등록번호를, 법인인 경우에는 사업자등
   록번호를 기재하고, 대표자의 자격을 증명하는 서면(법인의 등기부 등초본)을 제출하여
   야 합니다.
4. 주소는 주민등록상의 주소를, 법인은 등기부상의 본점소재지를 기재하시고, 신분확인상
   필요하오니 주민등록증을 꼭 지참하십시오.
5. 입찰가격은 수정할 수 없으므로, 수정을 요하는 때에는 새 용지를 사용하십시오.
   대리인이 입찰하는

## 챙겨야 할 대목은 빼지 말고 꼼꼼히 챙겨라

법원 경매를 하다 보면 '이런 물건을 이런 가격에 낙찰받을 수도 있구나' 하고 무릎을 칠 때가 있다. 그러나 거기에는 그럴 만한 이유가 분명히 있다. 결론은 입찰 전에 그것을 아는지, 모르는지의 차이일 뿐이다. 내공에 따라 달라진다는 것이다. 요리하는 방법에 따라 결과는 역시 달라진다. 같은 재료로도 요리사에 따라 전혀 다른 맛을 내는 것과 같은 이치다.

- ◉ 토지와 건물의 등기압류 내역이 다르다.
- ◉ 임차인이 많아 권리분석이 복잡하다.
- ◉ 그래서 권리분석이 제대로 안 된다.
- ◉ 채무자가 있고 임차인이 많아 명도가 어려울 것 같다.
- ◉ 추가 인수금액을 파악하기 어렵다.
- ◉ 추가 인수금액이 많아 재미없는 물건이다.
- ◉ 재매각 물건은 쳐다만 봐도 머리부터 아프다.

남들보다 조금이라도 더 높은 수익을 내려면 이런 정도의 수고는 할 각오를 해야 한다. 부동산 경매 투자를 왜 하는가. 돈을 까먹자고 경매판에 뛰어드는 사람은 없을 것이다. 그러나 우습게 생각하고 대충 뛰어들었다가는 지뢰밭을 몸 성히 빠져나가기 어렵다. 경매판에 뛰어들면 버는 것은 맞다. 그러나 요즘처럼 펄펄 끓는 냄비처럼 과열된 판에서 대충하다가는 본전도 건지기 어려울 수 있다. 다음과 같은 정도의 물건

권리분석도 스스로 안 되면 차라리 경매판에 뛰어들지 않는 것이 오히려 장수의 비결이다.

- 임차인 많은 다가구주택 물건
- 토지-건물 별도등기 있는 물건
- 입찰보증금 날려놓은 재매각 물건
- 공유자우선매수 청구권 있는 지분물건
- 법정지상권 성립 여지 있는 물건
- 유치권 성립 여지 있는 물건

이러한 물건들에 너무너무 쉽게 도전하는 것 같다.

대박은 못 터트려도 좋으니 몇 푼 안 되는 종잣돈은 까먹지 말아야 할 것 아닌가.

# 인생에서 경험하지
# 말아야 할 세 가지

인생을 살면서 누구라도 경험하고 싶지 않은 많은 일이 있을 것이다. 그러나 불행이라는 녀석을 피하고 싶다고 모두 피할 수 있는 것이 아니다. 사전에 충분히 예방하고 대처하면 피하거나 강도를 줄일 수는 있을 것이다. 하지만 자신의 힘으로는 어쩔 수 없거나 타고난 팔자에 있는 불행을 온전히 막기란 어려운 것이 인생 아닌가. 그럼에도 불구하고 노력 여하에 따라, 또는 마음가짐에 따라서 다른 인생을 살 수 있다는 것 또한 인생의 매력이라고 생각한다. 이 책의 주제가 '현재를 이겨내서 장래에는 여유롭게'라는 점을 잊지 않고 읽어주시면 좋겠다.

경매 투자를 제대로만 하면 가성비나 수익률이 높은 것은 분명하다. 시간적으로도 그렇고 금전적으로도 웬만한 다른 투자 종목과는 비교할 일이 아니다. 이 같은 경매 투자의 장점이 오히려 경매쟁이를 망하게 할 수 있다는 점을 살펴보자.

## 피해야 할 첫 번째 비극, '초년 장원 급제'

"초년에 성공한 사람 중에서 중년 또는 노년에 비참하게 되는 사람이 꽤 많다는 말씀이시죠?"

"쉽게 말씀드리면, 눈에 뵈는 게 없게 되는 거죠."

"무슨 말씀이세요?"

"20대에 고시급제한 30대 영감(?)에게 50대 후반의 국장이 '영감님, 영감님' 하면서 차문 열어주고 가방 들어주고, 우산 씌워주는 것을 본 적 있습니다."

"안하무인이 된다는 말씀이시죠?"

"우리가 내는 세금으로 월급 받는 사람들 중 '국가기관'이나 '행정조직'이 자기네 것인 줄 착각하고 목에 힘주는 사람들이 간혹 있습니다."

"어린 나이에 권력을 맛보면 그렇게 되는 것이 어찌 보면 인간의 본성이지 않을까요?"

"오래 가기 어렵습니다."

"지위는 높아져 갈지 몰라도 주변에 적이 생기지 않을 수 없게 됩니다."

"눈을 다 가리는 크기의 감투를 씌워놓고 계속해서 아부하고 칭송해대면 정신 잃지 않고, 방향 잃지 않을 사람이 몇이나 될까요?"

상대를 망치기 가장 쉬운 방법 중 하나가 그 사람 머리통보다 큰 사이즈의 감투를 씌워 앞이 안 보이게 한 다음, 아부와 칭찬을 계속해주면 오래지 않아 원하는 대로 망가지게 된다고 한다.

## 피해야 할 두 번째 비극, '중년 가정 파탄'

앞의 이야기인 '초년 장원급제'는 경매쟁이들한테 해당되는 이야기는 아니니 그냥 한 번 읽어주시면 충분하고, 이 책의 독자들에게 해당되는 이야기는 지금부터일 것이다.

필자는 주변으로부터 투자로 또는 부동산 사업으로 돈 벌었다는 말은 자주 듣는다. 그런데 계속 부자로 있다는 말은 듣기 어려운 것이 이 업종의 특성이기도 하다. 또한, 유독 한탕 대박에 몰두하는 사람들이 있는 것도 사실이다. 이런 경향은 부동산업 중, 특히 경매에 종사하는 사람들에게서 자주 볼 수 있는 현상이다. 이 책의 독자들은 잘되더라도 그러지 않으시기를 진심으로 바란다. 중년에 이혼하고 재산을 나누는 것을 '최악의 재테크!'라고 주장하는 부동산 전문가가 있다. 공감하고 동의한다.

"제가 참 좋아하는 후배 중 한 사람이 부동산 관련 인터뷰에 자주 나오는 박원갑 소장입니다."

"박사님하고 어떤 사이세요?"

"박 소장하고는 부동산 석사 박사과정에서 제가 직속 선배입니다."

"그러면 서로 아시게 된 것은 꽤 오래되셨겠네요?"

"박 소장이 기자로 근무하던 모 신문사 부동산 부문에 제가 경매 관련 글을 쓰면서 알게 되었으니까, 20년 다 되어가고 있습니다."

어느 일요일, 필자가 즐겨 다니는 서울 광진구에 있는 아차산 – 용마산 코스를 박 소장과 둘이서 산행한 후, 광진구 중곡동 신성시장 안에 있는 순대국밥 집에서 순대국밥 한 그릇씩 하면서 나눈 실제 대화다.

# 최악의 재테크가 '이혼'이란다

"저번 박 소장이 쓴 책을 보니까 '중년 이혼이 최악의 재테크'라고 써 놨던데, 왜 그렇게 말해?"

"우 선배, 두 가지 점에서 최악입니다."

"뭐가?"

"하나는 경제적인 면에서 최악이고, 다른 하나는 정신적인 면입니다."

"정신적인 면에서야 이해가 되지만, 경제적인 면에서도 빵점이라니 이해가 잘 안 되는데?"

"나이 들어 돈 있다고 새로 생긴 여자가 어떻게 조강지처와 같겠습니까?"

"그거야 모르지!"

"돈만 보고 달라붙은 젊고 예쁜 여자를 어떻게 조강지처에 비교하냐 고요?"

"목소리 낮춰요. 누가 들으면 우리가 싸우는지 알겠네. 그런데 남자가 해볼 수 있으면 한번 해보고 싶은 맘 없다면 거짓말 아닐까?"

"우 선배, 농담하지 마시고 진지하게요!"

"그리고 조강지처가 현모양처라는 보장도 없잖아!"

"남자들 좀 나간다 싶으면 어떻게 알고 여자들이 꼬이는지….."

"악처로 유명한 소크라테스 마누라도 조강지처였다며!"

"그게 아니라니까, 그러고 보니 우 선배도 문제가 좀 보이네!"

"그런가, 그건 염려 마시고!"

"여자가 꼬이는 게 아니고 남자들이 먼저 꼬시지!"

"누가 꼬시든, 어차피 피장파장 아닌가?"

"아이참, 아니라니까요. 남자들이 더 문제라니까 그러시네!"

"부동산부 기자여서 그런 경우 많이 봐서 하는 말인가 보네?"

"꼭 그런 것은 아니고!"

"일만 벌어지면 남자만 잘못이라고 난리라니까, 손바닥도 부딪치니까 소리가 나지!"

"그게 아니고, 이런 경우 대부분 남자가 문제라니까, 우 선배!"

"아무리 그렇게 말해도 나는 동의 못 해, 남자에게만 문제가 있다는 생각은 아무리 생각해도 옳지 않아."

"남자가 자기중심만 딱 서 있으면, 나비가 날아오든 구미호가 홀리든 아무 문제없다니까!"

"구미호가 홀리면 나 같으면 슬쩍 넘어가준다. 눈 한 번 딱 감고!"

"농담하지 마시고, 투자 좀 잘되면 정신 못 차리는 인간들이 꼭 있다니까?"

"하기는 내 주변에도 몇 명 있지, 박 소장이 아는 양반도 있고, 근데 요즘 애인 없으면 팔불출이라고 하잖아!"

"팔불출이고 구불출이고 전부 쓸데없는 이야기고, 나이 들어가면서 조강지처만 한 보물이 어디 있습니까?"

"좋은 이야기네."

"자기관리 못 하면 발등 찍을 일 금방 생깁니다!"

"옳은 말입니다."

필자가 부동산 경매 관련해서 책 쓰고, 공부하고, 투자하는 등 20년 넘게 이쪽 일을 하다 보니 관련된 일을 하는 사람들이 많다. 자기관리가 경매로 돈 벌기보다 어렵다는 생각이 든다. 개인 차이는 있겠지만,

부동산 투자의 궁극적인 목표가 뭘까. 소박한 꿈도 있을 것이고, 거창한 프로그램을 가진 사람도 있을 것이다. 말은 쉽다. 그렇지만 자기관리 잘하고 한창 좋은 시절에 나쁜 시절을 대비한다는 것이 사실은 생각보다 어렵다. 필자 같은 범부들에게는 말이다. 악행의 결과는 나쁜 시절이 오면 바로 드러난다. 조금이라도 상황이 어려워지면 시든 양귀비부터 떠나간다. 빛 좋은 개살구 되는 것은 시간 문제다. 얼마를 번 들 무슨 소용이 있겠는가. 독이 이미 깨져 있다면 말이다. 자기관리 잘하고 기본부터 공부하자.

## 경매 투자를 전업으로 하면 좋은 대목

부동산 경매 투자는 본업으로 한다고 해도 굳이 사무실을 따로 마련하지 않아도 된다. 어제저녁 늦게까지 술 마시고, 술 덜 깬 몸을 이끌고 만원 버스, 지하철로 출근할 일도 없다. 누구 눈치 무서워 아침 9시 출근 시간 맞출 일은 더더욱 없다. 이러다 보니 가끔은 자기관리가 안 되는 양반들을 보게 된다. 돈만 잘 벌어오는 것이 가장 역할의 전부는 아닐 것이다. 물론 기본적인 역할 수행이 안 되면 곤란하겠지만, 돈 잘 번다고 한집의 가장이 평일 낮에 잠옷 차림으로 집안을 배회한다면 자녀교육에 좋을 일 하나도 없다. 어디로 나가든지 아침에 나가(출근해)서 가능하면 저녁에 늦게 들어가자. 그럴수록 집안은 화목해진다.

공자님 말씀에 '신독(愼獨)'이라는 말이 있다. 항상 스스로 경계하며 살지 않으면, 어려울 때 반드시 문제가 생긴다. 남자가 인생에서 정말 어려울 때가 언제일까. 일이 많아 정신없이 바쁠 때가 어려울 때일까? 아니라고 생각한다. 돈은 좀 있어서 출근 안 하고 남 눈치 안 봐도 먹고살 만하고, 할 일이 별로 없어 시간이 잔뜩 남아돌 때가 오히려 어려울 때가 아닌가 한다. 문제는 남는 시간 관리를 제대로 못 할 때 발생한다. 마땅하게 갈 곳이 없는 분이라면 몇 사람이 공동으로 사무실이라도 하나 마련하시라. 그리고 집에서 일찍 나와 이곳으로 출근하시라. 출근해서

- 놀더라도 여기서 놀고,
- 차도 여기서 마시고,
- 신문도 여기서 보고,
- 공부도 여기서 하고,
- 경매 물건 검색도 여기서 하고,
- 투자 계획도 여기서 세우고,
- 낮술도 여기서 마시고,
- 사람도 여기서 만나고,
- 주식 투자하는 분이라면 주식도 여기서 하고,
- 그리고 집에는 가능하면 늦게 들어가자.

길게 보면 비용 측면에서도 잘했다고 무릎을 칠 날이 곧 온다. 여기까지는 기본이다. 속된 말로, 잘나간다는 사람들이 경계했으면 하는 것들이다.

# 07

# 돈 벌어도 바꾸지
# 말아야 할 것들

## 돈 좀 벌어도 바꾸지 말자

'졸부들이 돈 좀 벌면 바꾸는 일곱 가지'라는 우스갯소리가 있다. 잘 굴러가는 자동차 바꾸고, 오래 살았던 집을 바꾼다.

"남들은 어려워 다 죽는다고들 난리들인데, 김 사장만 봄날이네!"

"그럼요. 이번에 새 차로 쫙 뽑아버렸습니다."

"경매하는 데 최고 좋은 자동차가 뭔 줄 알아?"

"아이참, 또 그 이야기세요? 그래도 이제는 이 정도쯤 타줘야 비즈니스가 된다니까요!"

"경매쟁이 하고 차 하고는 아무 상관이 없다고 분명히 말했는데."

"아니라니까요, 이 정도는 타줘야 경매 해서 돈 좀 벌었구나 하고 남들이 알아준다니까요!"

남들이 알아주고, 알아주지 않고가 뭐 그리 중요할까. 집 바꾸고 차를 바꾸는 것 정도는 봐줄 수 있다고 하자. 그러나 지금부터는 문제가 커지고, 손가락질당한다. 결국에는 망할 짓들이다.

## 친구와 운동을 바꾼다

"김 사장, 요즘 축구회 안 나와?"

"조기축구요? 그거 운동이 별로 안 돼서요."

"축구가 운동이 안 되면, 그럼 뭐가 운동이 되나!"

"요즘 몸이 펄펄 날라서 축구로는 모자랍니다."

"새벽에 무신 귀신 봉창 두드리는 소리여! 조기축구회로 나를 인도한 장본인이 자넨디!"

"새로 시작한 골프에 푸욱 빠져서, 조기축구회는 이제 나갈 시간이 없습니다!"

"골프 시작했다고? 그건 잘 했네, 나이 먹어가면 힘 빠지니 축구보다는 낫겠네!"

"그게 아니라 새로 사업하는 데 도움이 될까 해서 시작했습니다!"

"자네가 무슨 사업을 새로 시작했다고?"

"나라고 사업하지 말라는 법 있나요?"

"그거야 그렇지."

"경매판 평정했으니 이제 새로운 사업으로 눈을 한번 돌려보려고요."

"뭐라고! 누가 무슨 판을 평정했다고? 자네가 경매판을 평정했다고?"

"그럼요, 내가 몇 년 사이에 이 판을 먹어버렸잖아요!"

"환장하겠구먼! 정말 그렇게 생각하시는가?"

"그래서 경매만 하다 보니 좀 지겨워져서 슬슬 부동산 개발시행사업이라도 한번 제대로 해보려고요!"

"부동산 시행사업을 한다고? 말릴 수는 없겠지만, 그거 아무나 하는 거 아니라고 하던데?"

"주변에서 능력 있는 사람들이 도와주겠다고, 돈 된다고 한번 해보자고 난리라니까요!"

"내 생각은 '절대' 아닌데! 진짜 돈 되고 능력 되면 자기들이 하지, 왜 자네한테 권할까?"

"그거야 내가 인복이 많아서 그렇죠, 사주에도 그렇게 나온다니까요!"

"자네 사주까지는 내가 모르겠고, 아무튼 조금 보수적으로 움직이면 안 될까?"

"사람한테는 때라는 게 있잖아요, 도와주겠다고 같이 하자고 하는 사람들도 있고, 또 끌어모을 때는 확 한번 끌어모아야죠!"

"글~쎄, 나~아~는 잘 모~오~르~겠~는~데~!"

"만나는 사람들이 모두 골프하라고 아우성이어서, 사업에 도움도 될 것 같고 해서 이참에 조기축구는 발 끊고 골프를 시작했는데 꽤 재미가 좋습니다!"

"골프는 그냥 골프로 끝내지, 사업하고 무슨 상관이 있다는 말인지 모르겠네요."

"그건 형님이 몰라서 하는 말이고, 개발사업 하려면 골프는 선택이 아니라 필수라니까요!"

"아닌 것 같다니깐?"

"두고 보시라니까요!"

"골프 치려면 시간 돈 많이 든다며?"

"그렇기는 하지만, 사업하려면 그 정도 투자는 해야 하잖아요!"

"준비 없이 잘 모르는 사업을 남의 이야기만 듣고 시작하는 거 아닌데."

"염려 마시라니까요, 전폭적으로 도와줄 선수들이 한사코 같이하자고 한다니까요?"

'아서라!' 하는 절규가 목구멍 밖까지 기어 나왔지만, 혀가 막아선다.

"하던 거나 계속 잘하면 좋을 것 같은데, 이제 보니 자네 많이 변했네!"

"변했죠! 변하지 않고 어떻게 발전이 있겠어요!"

와신상담하던 시절을 잊지 말아야 한다. 돈 좀 벌었다고 무게 잡고 바람난 들개처럼 돌아다니다가, 어느 날 뜬금없이 웃는 낯으로 다가오는 사람의 말만 믿고 대책 없이 새 판 시작하는 것도 나이 들어가면서 해서는 안 되는 일 중 하나가 아닐까 한다. 주 업종 바꾸고 애먹는 사람들 주변에 몇 있다.

## 술집과 마시는 술을 바꾼다

"2차로는 내가 잘 가는 빠(바)가 있는데 그리 갑시다, 내가 제대로 한잔 살 테니까."

"거기 가면 술값이 꽤 나올 텐데, 그러지 말고 입가심으로 호프집 가서 한 잔씩만 더 하고 헤어지시죠!"

"술값 얼마 안 나온다니까요."

"호프집보다 열 배는 더 나오잖아요, 영양가도 별로 없고?"

"영양가가 있을지 없을지는 가보면 알고, 세 명이 가보았자 몇십만 원 안 나옵니다!"

"안 가봐도 영양가 없는 거 다 보입니다!"

"그거야 가보면 알고 술값 걱정은 하지 마시라니까요."

"그러지 말고 배도 부르니 호프집 가서 마른안주에 한 잔만 더 하시죠!"

"아이, 이러지 마세요, 가보면 언니들 물 좋다니까요!"

"무리하지 말자니까 그러시네!"

"내가 양주에 모둠 과일 하나 가볍게 쏠 테니 편하게 가서 한 잔 더 합시다!"

"호프집 가서 우리끼리 편하게 한 잔 더하는 게 훨씬 좋은데!"

"호프집은 나중에 가고 오늘은 제가 살 테니 맘 편히 갑시다!"

이 정도는 그래도 봐줄 만할지 모르지만, 서서히 문제가 시작된다.


## 바꾸기의 완결판! 마누라 바꾸기

"이 인간이 돈 몇 푼 벌더니 이제는 아주 눈에 뵈는 게 없나 보네."

"듣기 거북하니 말 막 하지 마라!"

"좋다, 좋다고. 헤어지자고 하면 내가 무서워서 벌벌 떨 줄 알고!"

"여러 말 말고 시원하게 정리하자니까!"

"뭐가 어쩌고 어째! 딸 같은 년하고 살림을 차린다고!"

"내가 살림을 차리든 죽을 쓰든 그건 당신이 아실 바가 아니니 이참에 깨끗이 정리하자고!"

"좋아, 정리하자, 대신 위자료나 많이 내놔라, 너 같은 인간하고 더 살고 싶은 맘 하나도 없으니!"

"위자료! 좋아, 내가 충분히 주지. 재산 분할소송까지도 필요 없다. 준다고, 준다니깐?"

"대신 애들은 모두 내가 키울 테니 양육비도 내놓고!"

"좋을 대로 하시게나!"

"이 인간이 어디서 여우 같은 젊은 년한테 홀리더니, 이제는 아주 눈에 뵈는 게 전혀 없구면!"

"여우한테 홀렸는지 구미호한테 물렸는지는 당신이 알 바 아니라니까 그러시네."

"인간이 그렇게 사는 거 아니다. 자식들이 보고 있고, 하늘이 내려다보고 있다."

"좋은 충고 잘 새겨서 열심히 살 테니 염려 마시라고!"

"인간아, 이러고도 천벌을 안 받을 것 같으냐?"

"잘살 테니까 염려 마시라니까, 잘살 것 같아 배 아파서 그런다면 할 말 없고."

"뭐가 어쩌고 어째! 너하고 산 시간이 더럽고 치사해서 이런다."

"그만하자니까!"

"내가 두 눈 시뻘겋게 부릅뜨고 지켜보마!"

바꾸기 시리즈의 마지막 단계다. 지금까지는 몰래몰래 피우던 바람을 아주 대놓고 피워댄다. 거기에 그치는 것이 아니다. 온갖 고생을 다해오며 지금의 자신을 있게 한 조강지처에게 헤어지자고 큰소리 쳐댄다. 그러고는 정체도 알 수 없는 젊은 처자에게로 안방을 옮긴다.

인간 말종이다. 이러고도 망하지 않으면 그게 오히려 이상하다. 가는 게 있으니 오는 게 있게 된다. 작용에는 반작용이 따른다. 그것이 세상의 이치다. 부동산 경매 투자로 돈은 좀 벌었을지 모르지만, 자식들이 뭘 보고 배울 것인가. 뻔하다. 마누라라고 가만히 있겠는가. 가정은 그렇게 무너지는 것이다. 필자가 세상을 덜 살아서 그런지는 몰라도, 그렇게 살아서 끝까지 잘사는 인간을 아직은 본 적이 없다.

## 마누라와 자식들의 대반격

"당신은 이제 내 아버지 아니니 서로 신경 쓰지 맙시다!"

"이 자식이 다 키워놓으니까 못하는 말이 없네!"

"이 자식, 저 자식 하지 맙시다. 나는 우리 엄마 자식이지, 당신 자식 아닙니다!"

"뭐라고? 말 다 했어!"

"축하합니다! 새 장가가신다고요, 그래서 위자료랑 양육비 잔뜩 주고 울 엄마랑 이혼하신다고요?"

"네 엄마랑은 이혼해도 너네랑은 아니지!"

"그건 당신 생각이고, 우리한테 언제 한 번 물어보셨나요?"

"안 물어봐도 당연히 내 자식들이지!"

"기도 안 막히네, 내가 그러면 당신 애인하고 살 것 같아요?"

"같이 살면 되지! 못 살게 뭐 있어!"

"말이라고 함부로 막 하지 마세요. 나는 헌 엄마랑 살 거거든요!"

"그러지 말자!"

"우리가 여기서 그냥 살 테니 나가서 새로 행복하게 잘 사세요."

"내가 왜 나가냐, 네 엄마만 나가면 되지!"

"그만하시고 혼자만 나가세요, 그리고 다시는 보지 맙시다."

100% 말년 빈곤으로 이어진다.

병들어서 갈 데 없고, 전화 연락이라고는 동사무소 복지담당이나 한 달에 한 번 해올 뿐, 어떤 기별도 해오는 이 하나 없는 가난한 말년에 대해서는 더 쓰지 않겠다.


## 인생 고통 총량제

필자는 한 인간이 평생을 사는 동안 짊어져야 할 '고통 총량'은 정해져 있다고 믿고 산다. 팔자에 따라 사주에 따라 고통의 양은 당초부터 정해져 있고, 그 양을 평생에 걸쳐 어느 때는 가볍게, 그러나 어느 때에는 도저히 출구가 안 보일 듯한 무게로 짓누르지만, 결국 그 또한 지나가고 만다고 생각하며 살고 있다.

"박사님, 사주 보러 다니신다고 하셨죠!"

"맹신자는 아니지만, 일 년에 한 번은 가는 정도입니다."

"전에 다른 책을 보니 '풍수학 박사 과정'도 다니셨다고 하셨던데?"

"풍수 박사 과정은 너무 어려워서 다니다가 중도에 그만뒀습니다."

"그래도 기본적으로 사주를 믿는 편이시네요?"

"저는 어느 정도는 믿습니다."

"박사 학위까지 따셨다는 분이 사주라니 좀 어색합니다."

"알아서 나쁠 것은 없다고 생각하며 삽니다."

"인간이 자신의 미래라는 것을 알 수 있나요?"

"전부를 알 수야 없겠지만, 기본적인 흐름은 알 수 있다고 생각합니다. 인생도 패턴이 있거든요. 그리고 기본적으로 사주가 좋은 사람도 있고, 반대로 사주가 약하거나 부족해 다른 사람이나 주위 사람들의 도움이 필요한 사주도 있습니다. 사주는 미신이 아니라 통계라고 하잖아요."

"박사님 사주는 어떻다고 알고 계세요?"

"저는 사주가 아주 간단하다고 합니다."

"어떻게요?"

"초반 죽을 개고생은 이미 다 했고, 중년에는 하고 싶은 거 대충하고 살지만 속은 별로 안 편하고, 60 넘으면 태평성대랍니다."

"평생 할 고생, 소싯적에 다 하셨다는 말로 들립니다."

"지나고 보니 참 장하다는 생각이 스스로 듭니다."

"이후에는 어떻게 사실 생각이세요?"

"속 편하게 살 생각입니다."

"가능하실까요?"

"앞에서도 말씀드렸듯이, 자본주의 체제에서 '돈'으로부터 자유롭지 못하면, 시간에서 자유로울 수 없고, 시간에서 자유롭지 못하면 현대판 노예 생활을 면하기 어렵다고 생각합니다."

"부동산 경매라면 노예의 사슬을 끊어낼 수 있다고 본다는 말씀이시죠?"

"남들이 다 알아주는 좋은 직장, 앞으로는 별로 큰 의미 없습니다."

"그러면 뭐가 의미가 있을까요?"

"다른 사람 눈치 안 보고 하고 싶은 거 하면서, 남들에게 아쉬운 소리 안 하고 안 굶어 죽으면 되는 거죠!"

## 우상향만 하는 인생, 우하향만 하는 인생?

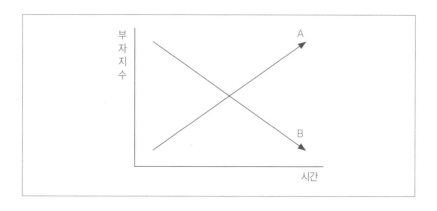

A커브와 같이 시간이 지날수록 탄탄대로만의 인생을 살다가 죽는 사람도 없을 것이고, B커브와 같은 시간이 갈수록 어렵게만 살다가 끝나는 인생도 없다는 것이 필자의 생각이다.

## 흔들리며 상승하는 부자지수

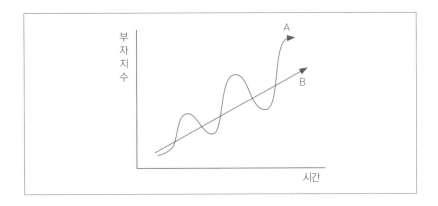

곡선 'A'로 표시되는 부자지수는 상승과 후퇴를 반복하면서도 시간이 지남에 따라 우 상향하고 있고, 곡선 'B'는 장기추세선이다.

이 그래프를 해석해보면 상승기일 때는 큰 상승이 있고, 하강기에서는 작은 후퇴가 있어 한 사이클을 지날 때마다 부자지수가 상승하고 있는 것을 볼 수 있다. 물론 '돈'이 많다고 행복지수가 높다는 말은 아니지만, 자본주의 경제 체제에서 나를 자유롭게 할 수 있는 것은 분명 돈이다. 경매 투자는 애써 노력하면 비록 상하 진동은 있겠지만, 결국은 시간이 흐름에 따라 돈으로 환산되는 부자지수는 상승한다는 것이 필자의 생각이다.

# 우 박사, 드디어
# 유튜브 동영상 제작하다

## 이제 시작한 중국어 공부가 주는 즐거움

늦은 나이(?)에 시작한 중국어 공부가 필자를 참으로 행복하게 하고 있다. 중국어 공부하면서 우연히 소개받은 '유튜브 동영상' 강좌를 들으면서 콘텐츠를 제작해서 올려주는 분들에게 감사의 마음이 생겼다. 이에 나도 조건 없이 남들에게 뭔가를 드릴 수 있다면 참 좋겠다는 생각이 들어 '부동산과 경매'를 주제로 유튜브 동영상 제작을 시작했다. 필자가 지금까지 잘 먹고 잘살고 있는 이유 중 하나가 필자가 쓴 책을 사서 읽어주시고, 필자가 운영하는 '부동산 경매, 깡통 경매, 지분 경매, NPL 투자반'을 들어주신 분들 덕분이라는 점 잘 안다.

사실 그동안 주말반 수강생분들은 물론이고, 지방에 계시는 분들, 그리고 경매 공부는 하고 싶은데 여건(수강료, 시간, 일정)들이 맞지 않아 공부를 못 하는 분들에게 이메일 등으로 '경매 동영상'을 제작해서 올려 달라는 부탁을 여러 번 받았다. 하지만 그렇지 않아도 시끄러운 세상에 굳이 나까지 유튜브 제작에 뛰어들 일이 뭐 있을까 하는 마음이 솔직히 있었다. 그러나 중국어 유튜브 동영상 강좌를 시청하면서 나도 봉사 좀 해야겠다는 생각이 들었다. 즉 재능기부 차원으로 찍은 유튜브 동영상 강좌가 독자들에게 조금이나마 도움이 된다면 그것으로 충분하다.

## 20여 년간 낙찰받거나 관여한 투자 사례를 보여주겠다

공부하고 싶어도 시간과 돈이 모자라는 분들에게 감사의 마음으로 필자가 20년간 경험한 부동산 경매 투자와 경매판 이야기를 유튜브 동영상 강좌를 통해서 아낌없이 공개하겠다.

내가 제작해서 올려드리는 유튜브 동영상 시리즈는 '경매 입문자'를 위한 수준으로, '경매 초급' 과정 오프라인 강좌를 수강하는 정도의 효과는 분명히 보게 될 것이다.

유튜브 동영상을 통해서 공개하려는 경매 사건은 필자와 지인들이 응찰해서 낙찰받은 물건이고, 응찰했다가 떨어진 물건은 아마 낙찰 물건의 7~10배는 될 듯하다. 2000년 6월에 낙찰받은 물건도 있고, 1999년 5월에 낙찰받은 물건도 있다. 경매 NPL 투자의 고수가 되기 위해서는 지치지 않고 포기하지 않고 실전 경험을 쌓는 것만이 유일한 지름길이라는 것을 보여드리고 싶어서다. 그중 최근에 집중해서 매입한 강변 테크노마트 투자 사례는 직접 사건번호까지 공개하겠다. 현재 필자네가 강변 테크노마트 최고 지분권자다.

## 최대 지분권자가 된 테크노마트 낙찰 20選

1. 동부 2012-18964[5] – 강변 테크노마트 사무동 18층(140여평)

2. 동부 2016-51891[16] – 강변 테크노마트 6층 E003호(28평)

3. 동부 2017-51027 – 강변 테크노마트 지하1층 02호(135평)

4. 동부 2016-5584[6] – 강변 테크노마트 사무동 13층(209평)

5. 동부 2016-3175[1] – 강변 테크노마트 사무동 22층(242평)

6. 동부 2016-3175[2] – 강변 테크노마트 사무동 23층(242평)

7. 동부 2016-3182[1] – 강변 테크노마트 사무동 27층(243평)

8. 동부 2016-3175[3] – 강변 테크노마트 사무동 28층(252평)

9. 동부 2016-3175[4] – 강변 테크노마트 사무동 30층(252평)

10. 동부 2016-3175[5] – 강변 테크노마트 사무동 31층(218평)

11. 동부 2016-3175[6] – 강변 테크노마트 사무동 32층(252평)

12. 동부 2016-3182[2] – 강변 테크노마트 사무동 34층(243평)

13. 동부 2016-5159[1] – 강변 테크노마트 사무동 24층(242평)

14. 동부 2013-9981[26] – 강변 테크노마트 지하1층 04호(27평)

15. 동부 2016-5584[36] – 강변 테크노마트 사무동 26층 17호(9평)

16. 동부 2017-51027 – 강변 테크노마트 지하1층 02호(135평)

17. 동부 2016-51891[14] – 테크노마트 판매동 6층 E001호(49평)

18. 동부 2016-51891[15] – 테크노마트 판매동 6층 E002호(49평)

19. 동부 2017-4137 - 강변 테크노마트 지하1층 A039(12평)
20. 동부 2013-9981[24] - 테크노마트 사무동 26층 11호(35평) 등
   이다.

지난 20여년간 직접 낙찰받은 사례를 중심으로 공부할 가치가 있는 물건을 유튜브 동영상으로 제작해서 독자들에게 구체적인 도움이 되도록 하겠다.

참고로 전체로는 3~4년에 걸쳐서 일단 약 '600강(꼭지) 정도'를 찍어 볼 생각이다.

- ◎ 제 1편 : 경매 전반 편(약 40강)
- ◎ 제 2편 : 실전 투자 사례(약 100강)
- ◎ 제 3편 : 좋은 경매 물건 고르는 노하우(약 50강)
- ◎ 제 4편 : 기본 권리분석 편(약 100강)
- ◎ 제 5편 : 패찰 사례(약 50강 전후)
- ◎ 제 6편 : 위험한 경매 시리즈(약 100강)
- ◎ 제 7편 : 배당표 작성하기(약 100)
- ◎ 제 8편 : 지분 경매 투자 사례(약 50강) 을 계획하고 있다.

진행 상황에 따라 지금의 어느 정도는 계획이 달라질 수도 있겠지만, 유튜브 검색창에 '우 박사 부동산 경매 TV'로 검색하시면 감상하실 수 있을 것이다.

이 정도면 일단 내가 경험하고 체득한 경매 세상을 거의 보여드릴 수 있을 듯하다. 그리고 나서는 현재 진행 중인 경매 물건을 직접 설명하는 방식으로, 물건 선정방법, 권리분석, 수익성분석을 집중적으로 매주 두세 건씩 동영상으로 제작해서 올려드릴 계획이다.

# 명도라는 가시가
# 경매쟁이 목에
# 걸렸을 때

## 부동산 경매 투자의 마지막 단계는 명도

어렵게 낙찰받은 경매 물건에 예상치 못한 추가 부담이 발생하려고 하거나, 발생한다면 이를 어떻게 방어할까. 그리고 부담을 최소화할 수 있는 방법이 있다면 함께 찾아보자는 생각이다. 부동산 경매를 통해 부를 이루고 싶다면 경매의 기본적인 사항을 공부해야 하는 것은 당연하고, 경매의 위험함도 알아야 하고, 위험에 빠졌을 때 피해를 최소화하면서 살아날 수 있어야 한다. 그 방법을 필자는 여러 권의 책을 통해 일괄되게 설명하려고 노력했다. 이 책은 피해를 최소화하는 방법을 살펴본 책이다. 이 장에서는 명도 이야기만 집중적으로 설명하겠다.

부동산 경매 투자자라면 누구도 피해갈 수 없는 관문이 명도 문제다. 명도 문제는 부동산 경매 투자 진행상 마지막 단계에서 발생한다. 여기에 이르면 더 이상 물러설 곳이 없고, 당초에는 예상하지 못했던 추가 비용이 발생하는 부분이기도 하다. 잔금납부하기 전이라면 저당권을 인수하는 방법 등이라도 동원해서 경매를 취하라도 시켜보겠지만, 이제부터는 오직 전진만이 있을 뿐이다. 말 그대로 오로지 전진만 해야 하는 상황이다.

## 경매 관문인 명도를 잘하는 방법은 있는가?

명도를 잘하는 방법이 있을까? 결론부터 말씀드리면, 있다. 밀린 관리비나 이사비용, 강제집행에 들어간 비용뿐만 아니라, 이를 회수하기 위해 추가로 들어간 소송비용까지도 회수 대상이다. 치사하다고 생각하지 마시기 바란다. 알고 난 다음 구사할까 말까는 여러분의 몫이다. 몰라서 두 눈을 뻔히 뜨고 당하지는 말자. '지피지기면 백전백승'이다. 낙찰자는 어떤 방법을 동원해서 추가 부담 없이 또는 부담을 최소화하면서 수익을 높일 수 있는지 살펴보자.

## 집행관 동원하는 강제집행에 원칙은 있는가?

거듭해서 결론부터 말씀드리자면, '없다!' 필자가 경험해본 명도에는 어떤 원칙도 없었다. 정규전이 아니라, 끝까지 게릴라전이었다는 말이다. 어떤 교범에도 쓰여 있지 않은 비정규전이 바로 명도전쟁이다. 그러니 힘이 훨씬 더 들고 더 어렵다. 어떻게든 낙찰자에게 한 푼이라도 더 뜯어낼 궁리로 똘똘 뭉친 사람들이 바로 경매당한 부동산을 불법으로 점유하고 있는 사람들이다. 그러니 이들과의 전쟁이 잘 포장된 아스팔트 도로일리는 없다.

# 명도라는 가시가
# 목에 걸려 안 빠지려고 할 때

## 부동산 경매 투자의 마지막 단계는 명도

명도 문제는 부동산 경매 투자 진행상 마지막 단계에서 발생한다. 여기에 이르면 더 이상 물러설 곳이 없고, 당초에는 예상하지 못했던 추가 비용이 발생하는 부분이기도 하다. 잔금납부하기 전이라면 저당권을 인수하는 방법 등이라도 동원해서 경매를 취하라도 시켜보겠지만, 이제부터는 말 그대로 오로지 전진만 해야 하는 상황이다.

어렵게 낙찰받은 경매 물건에 예상하지 못한 추가부담이 발생하려 하거나, 발생한다면 이를 어떻게 방어할까. 그리고 부담을 최소화할 수 있는 방법이 있다면 함께 찾아보자는 생각이다. 부동산 경매를 통해 부를 이루고 싶다면 경매의 기본적인 사항을 공부해야 하는 것은 당연하고, 경매의 위험함도 알아야 하고, 위험에 빠졌을 때 피해를 최소화하면서 살아날 수 있어야 한다. 그 방법을 필자는 여러 권의 책을 통해 일괄되게 설명하려고 노력했다. 이 책은 피해를 최소화하는 방법을 살펴본 책이다. 이 장에서는 명도 이야기만 집중적으로 설명하겠다.

## 자발적으로 짐을 가져가는 경우는 다루지 않는다

채무자가 자진해서 짐을 빼내가지 않은 상황과 그로 인해 강제집행을 통해 강제로 들어냈다고 해보자. 들어낸 짐을 채무자가 자발적으로 가져가는 경우는 여기서는 다루지 않는다. 짐 주인도 나타나지 않은 상태에서 집행관을 동원해서 짐을 들어내고 난 다음의 상황을 처리하는 방법을 살펴보자.

잔금납부로 소유권을 취득한 집이나 상가건물에 권리 없는 채무자나 임차인이 합법적인 명도를 거부하고 관리비를 체납하고, 막무가내로 이사비 등을 요구하는 경우에는 어떤 해결방법이 있을까. 이런 경우 두 가지 해결방법이 있다. 하나는 이사비용 등을 대 주고 자발적으로 이사하게 하는 방법이고, 또 하나는 강제집행으로 해결하는 방법이다. 그런데 이 두 가지 모두가 비용이 발생한다는 것이 문제다. 이렇게 들어간 비용을 다시 받아낼 수 있는 방법은 없을까.

결론부터 말씀드리면, 있다. 밀린 관리비나 이사비용, 강제집행에 들어간 비용뿐만 아니라, 이를 회수하기 위해 추가로 들어간 소송비용까지도 회수대상이다. 치사하다고 생각하지 마시기 바란다. 알고 난 다음, 구사할까 말까는 여러분의 몫이다. 몰라서 두 눈을 뻔히 뜨고 당하지는 말자. '지피지기면 백전백승'이다. 낙찰자는 어떤 방법을 동원해서 추가 부담 없이 또는 부담을 최소화하면서 수익을 높일 수 있는지 살펴보자.


## 권리분석 때부터 명도를 한다고 하는데

낙찰받기보다 명도가 더 어렵다는 말이 있다. 일리 있는 말이다. 명도의 가벼움을 찬송하는 책들이 있지만, 절대 그렇지 않다는 것이 필자의 생각이다. 필자도 한때는 용맹스러운 명도 전사였다. 그동안의 전과들에 관해서는 다른 책들에서 자랑(?)을 많이 했으니 그것으로 충분하다. 대신 여기서는 말도 많고, 탈도 많은 경매 관련 명도에 관한 궁금증들에 대해서 대안을 제시하겠다. 여기에서 열거하는 사례들은 초보 입문자나 경매를 조금 해보셨다는 분들이 명도와 관련해 가지게 되는 내용이다. 가볍게(?) 한 번 읽어보시기 바란다.


- "선수들은 권리분석 때부터 명도를 한다고 하는데, 무슨 말인지?"
- "명도는 언제부터 시작하는지?"
- "잔금납부하고 나서 채무자나 임차인은 언제 찾아가야 하는지?"
- "누구하고 함께 가야 하는지?"
- "찾아가는 시간은 언제가 좋은지?"
- "찾아가서 무슨 이야기부터 해야 하는지?"
- "무슨 구실을 붙여서 나가달라고 해야 하는지?"

- "언제까지 나가달라고 해야 하는지?"

- "죽어도 못 나간다고 울고불고 난리를 치면 어떻게 해야 하는지?"

- "독거노인이나 장애인이 명도 대상자라면 어떻게 해야 하는지?"

- "채무자가 나보다 세상을 훨씬 다양하게 살아온 사람이라면 어떻게 해야 하는지?"

- "눈에서 광채가 뿜어져 나오고 있는 사람이 명도 대상자라면 어떻게 해야 하는지?"

- "망한 집주인이나 세입자 이사비용은 얼마를 주어야 하는지?"

- "이사비용을 준다면, 준다는 약속은 어떻게 해야 하는지?"

- "협상이 안 될 때는 어떻게 해야 하는지?"

- "나간다고 약속했다가 안 지키면 어떻게 해야 하는지?"

- "낙찰자가 일방적으로 짐을 들어내 다른 장소에 보관할 수 있는지?"

- "강제집행을 할 수 있다면 합법적인 절차는 어떻게 되는지?"

- "짐을 들어낸 뒤, 일정 기간이 지나도 짐 주인이 나타나지 않으면 어떻게 해야 하는지?"

- "그 짐의 뒤처리는 누가 어떻게 하는지?"

- "그동안의 보관비용은 누가 부담하는지?"

- "보관비용에 충당하기 위해 보관된 동산을 압류할 수 있는지?"

- "치사하지만 주었던 이사비용을 돌려받을 수 있는지?"

- "강제집행 등에 들어간 비용을 돌려받고 싶은데, 가능한지?"

- "이 경우, 살림살이인 동산(짐)의 가치는 누가 판단하는지?"

- "채무자 동산에 압류딱지가 붙어 있을 때는 어떤 방법이 있는지?"

- ● "이삿짐센터에 보관 기간은 얼마나 지나야 매각·처분할 수 있는지?"
- ● "명도만 전문으로 처리해주는 대행업체는 있는지?"
- ● "명도대행업체가 있다면 어떻게 접촉하는지?"
- ● "명도업체의 업무 범위는 어디까지인지?"
- ● "명도전문업체가 집행 중 사고가 나면 누가 책임지는지?"
- ● "명도전문업체에 의뢰하면 비용은 얼마나 지불하는지?"
- ● "집행관이 채무자 동산을 들어낼 때, 다른 입회자가 필요한지?"
- ● "공무원 입회가 필요하다면, 어떻게 공무원을 입회시킬 수 있는지?"

독자들의 궁금 사항은 태산을 이루지만 정해진 답이 있을 리 없다. 어떤 유형의 채무자나 보증인, 임차인을 만나도 융통성 있게 대처해야 한다. 독자 여러분의 이해를 돕기 위해 순서를 좀 바꾼다. 어쩔 수 없이 최후의 방법으로 강제집행으로 결론이 났다고 해보자. '강제집행'에서 '집행비용 회수 과정'까지 단계별 순서는 대강 다음과 같다.


## 강제집행에서 집행비용 회수까지의 문제들

① 강제집행,

② 강제집행으로 남겨진 짐들의 보관 문제,

③ 집행비용 회수 문제,

④ 보관 비용 문제,

⑤ 보관 중인 동산 등을 처분해 집행비용과 보관비용에 충당하는 문제들이 궁금하실 것이다.

강제집행 후 들어낸 짐을 짐 주인이 가져가는 경우라면 행복한 경우다. 이 경우의 설명은 드리지 않겠다. 채무자 가족의 손때가 묻어 있고, 사연이 담긴 귀한 살림살이를 채무자가 가져가겠다는데도 그것까지도 낙찰자가 처분해서 '몇 푼이라도' 자기가 들인 비용에 충당하겠다고 악다구니를 써가면서까지는 경매 투자는 하지 말자는 이야기다. 채무자가 스스로 가져가겠다고 한다면 최대한 협조해서 가져가게 도와드리자는 말이다.

짐 주인도 없는 상태에서 집행관을 동원해서 짐을 들어낸 다음의 상황을 처리하는 방법은 뒤에서 다시 살펴보도록 하자.

# 선순위 주택 임차인과
# 선순위 전입자 명도할 때

## 집행관 동원하는 강제집행에 원칙은 있는가

거듭해서 결론부터 말씀드리자면 '없다!' 필자가 경험해본 명도에는 어떤 원칙도 없었다. 정규전이 아니라, 끝까지 게릴라전이었다는 말이다. 어떤 교범에도 쓰여 있지 않은 비정규전이 바로 명도전쟁이다. 그러니 힘이 훨씬 더 들고 더 어렵다. 어떻게든 낙찰자에게 한 푼이라도 더 뜯어낼 궁리로 똘똘 뭉친 사람들이 바로 경매당한 부동산을 불법으로 점유하고 있는 사람들이다. 그러니 이들과의 전쟁이 잘 포장된 아스팔트 도로일 리 없다. 명도당하는 사람들을 상대로 하는 강제집행은 최후의 수단이어야 한다.

그러나 그럴 수밖에 없는 상황으로 만드는 사람들에게까지 무한대의 관용을 베풀기는 쉽지 않다. 어설픈 관용은 부메랑이 되어 돌아오기 때문이다. 주거용 부동산을 경매로 소유권을 취득한 후 맞닥뜨리게 되는 유형은 대체로 다음과 같다.

① 채무자와 보증인,

② 선순위 임차인,

③ 선순위 전입자,

④ 후순위 임차인,

⑤ 주민등록 전입이 없어 권리가 전혀 없는 단순 점유자가 대강의 그
들이다.

①~⑤까지 각각의 점유자들에 대해서 상황에 맞는 명도방법을 찾아
가 보자.


## 대항력 없는 채무자 물상보증인, 그리고 단순 점유자

채무자와 보증인, 그리고 단순 점유자는 주택임대차보호법에서 정하
고 있는 대항력이 없는 권리 없는 자들이다.

"전입자가 많은 다가구주택은 권리분석이나 배당표 작성이 어려운
것 같아요."

"아파트나 연립주택처럼 한두 가구가 전입해 있는 경우와는 다르기
는 하죠!"

"이 물건은 일단 소유자가 1층에 살고 있는데, 또 1층에 사는 사람이
있는 것으로 배당요구하고 있어 헷갈려요."

"전 소유자하고 그 가족만이 살고 있다고 보는 것이 맞습니다!"

"그래도 홍길동이 배당요구를 하고 있잖아요."

"그런 사람이 소위 우리가 말하는 가짜 세입자입니다!"

"어떻게 아세요?"

"이런 경우에는 집주인 겸 채무자인 소유자나 보증인의 명도에 집중해서 주력하는 것이 순서입니다!"

"그런가요?"

"가짜 세입자는 그리 중요한 문제가 아닙니다. 일단 채무자나 보증인의 명도가 완료되면 나머지 사람들에 대한 부분은 그리 어렵지 않습니다!"

"망한 집주인은 명도에 순순히 응하나요?"

"아니요, 가장 강력하게 저항하는 사람들이 바로 집주인이고, 보증인입니다!"

"그러면 이런 상황에서는 어떻게 하면 좋을까요?"

"잔금을 납부하는 날 당일로 나가라고 통지해야 합니다."

"그런다고 순순히 나갈까요?"

"일단은 잔금을 납부하면서, '점유이전금지가처분신청'을 하고 나서, 송달이 들어가면 웬만한 사람들은 약해집니다!"

"반대인 사람들도 있지 않나요?"


## 가짜 세입자를 심어놓을 정도라면

가짜 세입자를 심어놓을 정도라면 강하게 나올 수도 있는 사람들이다.

"이사비는 줘야 하나요?"

"가짜 임차인을 잘만 활용하면 이사비는 안 주셔도 됩니다!"

"어떻게 가능할까요?"

"가짜 임차인을 배당받을 수 있도록 도와주는 것과 소유자 명도와 연결시키면 이사비는 안 줘도 되죠!"

"집으로는 언제 찾아가면 되나요?"

"잔금을 납부하는 날 바로 가셔야 해요. 시간 끌며 낙찰자 골탕 먹이려 드는 채무자나 보증인은 봐줄 필요가 전혀 없습니다!"

"바로 당일에 찾아가서 나가라고 하라는 말이시죠?"

"누가 뭐라고 해도 시간을 끌어서 좋을 일 하나 없습니다. 반드시 당일에 가야 합니다. 잔금을 납부한 '잔금납부 완납증명서'를 복사해서 보여주면서 나가라고 말하면 대강은 알아듣습니다."

"가서 뭐라고 하죠?"

"여러 말은 하지 마시고, 그냥 나가라고 하세요!"

"이사비 달라는 이야기를 틀림없이 할 텐데?"

"그렇게까지 나오면 가짜 세입자를 배당 못 받게 한다고 해보세요. 이사비용보다 소액 배당금이 더 많거든요."

"그게 무슨 말씀이세요?"

"가짜 세입자인 줄 알면서 배당을 받게 도와줄 테니, 구질구질한 이야기하지 마시고 짐 싸라고 하시면 대강 알아듣습니다."

"아, 그렇겠네요. 알겠습니다."

"수고 한번 해보세요."

"그래도 떨리네요."

"낙찰자가 떠는 것은 채무자가 떠는 것에 비하면 새 발의 피입니다."

"하기야 그렇겠죠?"

"그럼요! 그쪽은 패닉 상태라니까요. 떨 것 하나도 없습니다."

"패닉 상태라는 말, 명심하겠습니다!"

"그럼요. 아무 염려 마세요. 칼자루를 쥐고 있는데, 뭘 걱정하세요. 대신 조자룡이 헌 칼 쓰듯이 하지는 마세요!"

"네. 그러겠습니다. 잘 알겠습니다!"


## 이사비용 주기로 했으면 정확하게 금액을 합의해라

채무자나 보증인, 그리고 배당을 전혀 받지 못하는 후순위 임차인 등을 명도하는 경우에는 어느 정도의 이사비용을 지불할 각오를 해야 한다.

그런데 문제는, 경험이 많지 않은 분들이나 세상을 착하게 살아오신 분들이 상대방의 면전에서 딱 부러지게 이사비용의 금액을 구체적으로 말하지 못하고, 이사 가는 날 주겠다는 식으로 얼버무리는 어리석음을 자주 범한다는 것이다. 절대 해서는 안 될 일이다.

"왜 그렇게 말씀하시나요?"

"집을 차지해야 하는 사람과 집을 비워주어야 하는 사람 사이에는 메울 수 없는 큰 강이 존재합니다."

"이사비용의 금액에서 차이가 크다는 이야기는 들은 적 있습니다."

"'0' 하나 쉽게 더 붙이는 것은 아무것도 아닙니다."

"낙찰자가 생각하는 금액이 100만 원이었다면, 채무자가 생각하는 금액은 1,000만 원이라는 말씀이시죠?"

"대강 그런 이야기입니다."

"어떻게 그렇게 되나요?"

"낙찰자가 생각하는 이사비는 이삿짐을 옮기는 데 필요한 금액이라고 생각하는 반면, 이사를 가야 하는 사람이 생각하는 이사비는 최소한 월셋집 보증금이라도 보태달라는 식입니다."

"어차피 두 번 다시 볼일 없는 사람이고, 자기 집 낙찰받아 돈 번 사람이라고 생각해서 염치고 뭐고 없을 것 같기는 합니다."

"합의가 늦어질수록 금액이 커질 가능성이 높습니다."

"구체적인 금액도 반드시 합의하라는 이야기, 기억하겠습니다."

"어설픈 동정심은 아무 도움이 안 됩니다."

"기준이 있을까요?"

"강제집행 비용 범위를 벗어날 필요는 없다고 봅니다."


## 명도는 언제부터 시작해야 하는가

독자 여러분들이 정말 궁금해하는 사항 중 하나가 이 대목일 것이다.

"선수들은 '물건 선정', '권리분석' 단계에서부터 '명도 대책'을 준비한다고 이야기가 있는데, 정말 그런가요?"

"경매 투자를 오래 한 사람들은 그렇게 합니다."

"가능한 이야기인가요?"

"경험이 축적되면 가능합니다."

"무섭던데요."

"재미있는 이야기 하나 해드릴까요?"

"도움이 되는 이야기면 해주세요!"

필자가 운영하는 '오프라인 경매 강좌 주말 집중반 수강생'이 해준 이야기다.

"박사님은 명도 이야기 쉽게 하시는 것 같은데, 저는 정말 무섭더라고요!"

"경험하셨던 이야기 좀 해주세요."

"채무자 가족만 사는 아파트를 낙찰받아 잔금납부하고 처음 찾아가던 날, 쿵쾅거리던 심장박동 소리는 평생 잊지 못할 것 같아요."

"맞는 말씀입니다."

"아파트 찾아가서 벨 누를 때 어떤 심정으로 벨을 눌렀는지 아세요?"

"손가락으로 벨 누르시면서 '제발 안에 아무도 없어라!' 그런 심정이셨죠?"

"정말입니다. 어떻게 아셨어요?"

"처음에는 대개 그런 심정입니다. 그런데 그렇게 겁먹을 필요 없습니다. 낙찰자가 쿵쾅거리는 가슴 진정시키기 어렵듯이, 집안에서 벨소리 듣는 사람은 그 벨소리가 벼락 치는 소리보다 훨씬 큽니다."

"집 안에 있는 사람이 더 떨고 있다는 말씀이시죠?"

"대낮에 만나는 저승사자입니다."

"울렁거림을 없앨 좋은 방법은 없을까요?"

"겁먹을 것 없고, 지름길 없습니다."

결국 경험이 문제를 해결해준다.

## 선순위 임차인에게 대항력을 부여하는 의미

'선순위 임차인'에게 대항력을 부여하는 의미는 임차인이 자신이 전입할 당시, 저당권 등 제한 물권이 설정되지 않은 상태에서 전입해 전입 이후에 얼마의 제한 물권(저당권 등)이 설정될지 알 수 없게 된다. 선순위 임차인은 자신의 임대차 계약이 채권계약이라는 이유로 자신의 전입보다 나중에 부동산 등기부에 설정된 제한 물권에 의해 자신의 임차보증금이 위협받게 된다면, 임차인의 주거 안정력은 급속히 떨어질 수밖에 없게 된다. 주택임대차보호법이 제정된 핵심 이유이기도 하다. 임차인별로 살펴보기로 하자.

## 대항력을 가지고 있는 선순위 임차인

'선순위 임차인'은 주택임대차보호법에 규정하고 있는 대항력 있는 임차인이다. 이 대목에서 '대항력'의 발생요건에 대해서 복습을 겸해 한 번 살펴보기로 하자. 선순위 임차인의 대항력은 '주민등록 전입+점유개시+임차보증금 지급'이 완료된 날부터 발생한다. 따라서 경매당한 주거용 부동산의 등기부의 말소기준이 되는 1순위 저당권 등 제한물건보다 먼저 대항력을 갖춘 임차인을 임차인이라고 한다. 판례에 의해 주민등록 전입이 완료된 다음 날 오전 0시부터 대항력이 발생하는 것으로 하고 있다.

- 임차인 홍길동 전입 : 5월 10일(점유 및 전세보증금 지급 완료)
- ××은행 1순위 저당권 설정일 : 5월 15일이면 홍길동은 선순위 임차인이다.

이런 경우의 임차인은 자신의 임차보증금을 어떤 방법으로든지 전액 회수하지 못하는 한, 경매당한 집에서 강제 퇴거당하지 않을 권리가 있다. 따라서 낙찰자와 임차인은 명도 과정에서 서로 목소리 높힐 일이 없어 부담이 없다.

대항력을 가진 선순위 임차인이 자신의 임차보증금을 회수하는 방법은 크게 세 가지다.

① 배당신청을 통해 전액을 법원에서 받은 경우
② 일부는 배당으로 나머지 일부는 낙찰자에게 받는 경우
③ 전액을 낙찰자에게 받는 경우다.

## 선순위 임차인은 배당만 제대로 되면 문제가 없다

"선순위 임차인 홍길동에 대해서는 그다지 염려를 하지 않아도 되겠죠?"

"주민등록 전입＋확정일자＋임차보증금＋배당요구일만 제대로 따져

배당표가 작성되면 아무런 문제가 없습니다!"

"그렇게 되면 선순위 임차인은 자신의 임차보증금 전액을 다 받겠죠, 선순위 임차인이어서 염려가 많이 돼서요?"

"염려하시는 것 맞아요. 사실 낙찰자 입장에서 보면 배당에서 가장 많이 신경을 써야 하는 사람입니다."

"그런가요?"

"후순위 임차인들은 설령 배당표가 잘못되어도 대항력이 없으니 낙찰자가 추가 인수를 안 해도 되지만, 선순위 임차인이 배당을 다 받지 못하면 그때는 낙찰자가 추가로 부담해야 하거든요."

"그건 잘 알지만, 실감이 제대로 나지 않아서요."

"그런 말들 많이들 하세요. 실감이 잘 안 난다고 하지만, 추가로 돈 물어주게 되면 그때는 이미 늦은 거죠."

"우리 경우는 그다지 문제가 되지는 않겠죠?"

"이런 정도는 경매계에서도 배당표를 정확하게 잘 작성합니다. 대신 임차인을 미리 한 번 만나서 배당장에서 혹시라도 무슨 일이 생기면 도와줄 수 있도록 아군으로 만들어놓으세요."

"그럴 필요까지 있을까요?"

"혹시라도 있을지 모를 사태에 미리 대비하라는 이야기입니다. 낙찰자는 배당장에서 입도 뻥끗 못 하게 하거든요!"

"아! 그 말씀이세요?"

"배당장에서 낙찰자를 도와줄 수 있는 거의 유일한 사람이 배당받는 선순위 임차인입니다. 잘 활용하시면 훨씬 일이 쉬워질 수 있습니다."

"선순위 임차인에게 도와달라고 하면 순순히 응하나요?"

"낙찰자와 다툴 일 전혀 없는 사람입니다."

"협조가 잘 된다는 말씀이시죠?"

"그럼요!"

## 선순위 임차인은 반드시 우군으로 만들어라

"염려되어서요. 생각처럼 우리에게 협조적으로 나올까요? 선순위 임차인이라 하더라도, 망한 주인하고 더 가깝지 않을까 하는 생각이 들어서요."

"그 점은 염려하지 않으셔도 좋습니다. 낙찰자에게 비협조적일지는 몰라도, 망한 주인 편에 설 가능성은 완전 제로라고 보셔도 좋습니다. 오히려 원수 사이라고 보는 것이 더 정확합니다."

"그럴까요?"

"이 경우에서는 가짜 세입자로 보이는 김길동과 망한 주인과는 친할 가능성이 높고, 낙찰자 편이 되어야 도움이 될 수 있는 사람은 홍길동입니다. 미리 꼭 내 편으로 만들어놓으셔야 합니다."

"어떻게 도와달라고 하면 좋을까요?"

"임차권등기 하고, 강제경매 진행하면서 돈도 깨지고, 시간도 많이 들고, 법원 왔다갔다하면서 속도 많이 상했을 겁니다. 이 부분을 조금만 위로해주면 금방 호감을 보일 겁니다!"

"아, 네!"

"일반인들이 평생을 살면서 임차권등기를 하고, 세 들어 살던 집 경매를 신청하는 경험을 몇 번이나 하겠어요. 잘 몰라서 애를 많이 먹었을 겁니다."

"들어보니 그렇겠네요!"

"그 부분을 부드럽게 만져주면 어렵지 않게 편이 되어줍니다. 그리고 또 배당금을 찾을 때는 낙찰자한테 협조도 얻어야 하니 그 부분도 언급하세요. 그러면 효과는 분명히 있습니다."

"혹시 돈으로 유혹하면 방법은 어떨까요?"

"그럴 필요는 없습니다. 잘못되면 오히려 부작용 생겨서 크게 손해를 볼 수 있습니다."

"당연히 그럴 수 있을 것 같습니다."

"무슨 일이 있어도 배당을 통해서 보증금을 찾아가야 한다고 알려주시면 됩니다."


## 대항력 유무를 알 수 없는 배당요구 안 한 선순위 전입자

'선순위 임차인'과 '선순위 전입자'는 다른 개념이다. 주거용 부동산의 경매판에서 가장 무서운 유형의 권리를 가진 사람이라는 것이 필자의 생각이다. '선순위 임차인'은 주택임대차보호법에 규정하고 있는 대항력 있는 권리자지만, '선순위 전입자'는 '선순위 임차인'과 달리 법원에 스스로가 배당요구를 하지 않아서 어떤 권리를 가지고 있는 사람인지 낙찰자가 입찰 전에 알 수 있는 방법이 없다. 사는 주택이 경매가 들어갔으니 주택임차인으로 권리가 있는지에 관해 배당요구를 통해 권리신고를 하라는 법원으로부터 통보를 받았음에도 불구하고, 배당요구 등 아무런 권리행사를 하지 않았다면 두 가지 경우로 의심해봐야 한다.

어떤 이유 때문에 해당 주소로 주민등록 전입만 한 경우와 나중에 낙찰자에게 대항력을 주장해 자신의 임차보증금을 회수할 생각으로 배당요구를 안 한 임차인으로 나누어 살펴봐야 한다.

단순하게 주민등록 전입만 한 경우라면 문제가 되지 않지만, 낙찰자에게 추가로 부담시켜 보증금을 회수할 생각인 선순위 임차인이라면 심각한 문제가 발생하게 된다. 대항력을 가진 선순위 임차인인데도 불구하고 배당요구를 하지 않고 있어 '선순위 전입자'로 분류된 경우가 문제가 된다는 것이다.

정당한 권리를 가진 선순위 임차인이라 할지라도 자신의 판단으로 법원에 배당요구를 하지 않을 수 있고, 배당요구를 하지 않았다고 해서 대항력에 문제가 생기는 것은 아니다.

따라서 낙찰자가 소유권 취득 후에 얼마의 임차보증금을 추가로 인수해야 할지 알 수 없다는 것이 '배당요구 안 한 선순위 전입자'를 따져볼 때 핵심사항이다. 경매를 좀 했다는 사람들은 이런 사람이 있는 경매 물건에는 눈길조차 안 준다. 독자 여러분들도 그러셔야 한다.

가끔 속이 없는 독자 중에서는 이 대목에서 필자를 의심하는 사람들도 있다.

# 배당요구 안 한 선순위 전입자의 권리는 확인이 불가

"무슨 말씀이세요. 왜 의심하나요?"

"책에는 '선순위 전입자가 배당요구 안 한 물건에는 눈길도 주지 말라고 써놓고, 본인이 몰래 응찰하려는 수작을 부리려고'라고 생각하는 분들이 가끔 있어요."

"듣고 보니 가능할 것 같은데, 아닌가요?"

필자가 혹시라도 흑심을 가지고 하는 말이라고 하더라고 선순위 전입자가 배당요구 안 하고 버티고 있는 주거용 부동산 물건에는 이 책의 독자들 수준의 경매 투자자가 도전해서는 안 된다. 초보 투자자들이 도전해서는 절대 안 되는, 썩어도 너무 썩어 있는 최악질의 경매 물건이다.

"말소기준보다 먼저 전입은 되어 있지만, 배당요구는 하지 않고 있는 손길동은 신경쓰지 않아도 되는 거죠?"

"선생님. 정말로 그렇게 생각하세요?"

"주민등록 전입만 하고, 임차인으로서 아무런 권리행사나 살고 있지 않은 것으로 보여서 걱정할 것이 없다고 생각되는데요."

"경매 사건에서 가장 무서운 타입의 전입자입니다. 반드시 사전에 확인해보셔야 합니다."

"임차인은 아니고, 단순히 주민등록만 전입하고 있는 사람이라는 것은 알고 응찰했습니다."

"확인하셨다면 잘 하셨습니다. 그런데 잘못되면 호랑이로 변할 수 있는 타입이라니까요?"

"아이고, 그런가요. 왜 그렇죠?"

"부동산 등기부상 말소기준이 되는 최선순위 저당권보다 먼저 전입한 선순위 전입자잖아요, 막말로 배당요구 안 해서 법원에서 배당을 못 받아도 아쉬울 것 하나도 없는 사람이라는 거죠."

"대항력이 있기 때문에 낙찰자한테 받아내면 된다는 말씀이시죠?"

"그렇죠!"

"그런데, 이 경우의 선순위 전입자는 아까도 말씀드렸듯이 주민등록만 전입하고 있는 사람이라는 확인은 이미 했습니다."

"잘 하셨어요!"

"그런데, 혹시라도 미친 척하고 낙찰자에게 했던 말과는 달리 임차인이라고 주장하는 경우는 없나요?"

"가끔 있습니다. 집주인이 사는 집에 부탁받았다고 주민등록만 옮기는 사람은 망한 주인하고는 관계가 있다고 보는 것이 정확합니다!"

"집주인이 사주하는 경우가 있을 수 있겠네요?"

"충분히 가능한 이야기죠!"

"그렇게 하지 못하도록 하는 방법은 없을까요?"

"여러 가지가 있는데, 대화를 녹음하는 것도 방법입니다!"

"몰래 녹음해도 괜찮은가요?"

"나중에 써먹으려고 하는 경우가 아니라면 그리 문제될 것이 없습니다!"

"몰래 한 녹음은 법적인 효력이 없다고 하는 말도 들었는데!"

"법원에 증거로 제출할 것까지는 아니고, 혹시라도 말을 바꿀 때를 대비해서, 한 번 들려주는 정도로 녹음해두는 것은 나쁘지 않습니다."

"자기는 단순전입자라고 분명하게 말했으니 별문제는 없겠죠!"

"보통은 그렇습니다. 내가 봐도 크게 염려할 일은 아닌 듯하지만, 나중에라도 말을 바꾸어서 임차인이라고 우기면 연락 한번 주세요. 그때는 또 다른 여러 방법들이 있으니까요."

"그렇게 하겠습니다!"

아무튼, 신경 쓰이는 타입이다.

## 배당요구 안 한 선순위 전입자의 권리를 파악할 수 있다는 분들에게

경매 공부하시는 분 중에는 '배당요구 안 한 선순위 전입자 권리를 사전에 파악할 방법이 있다'고 생각하는 속없는 분들이 가끔 있다. 농담으로라도 그런 말씀하시면 안 된다.

"분명히 말씀드리지만, 배당요구 안 한 선순위 전입자의 권리는 낙찰자가 잔금납부하기 전까지는 절대 파악할 수 없습니다."

"배당요구는 안 했다고 해도 동사무소나 인근 중개업소에 가면 그 사람 전세보증금이 얼마인지 얼마든지 알 수 있지 않나요?"

한 방에 훅 가실 일을 만들고 있다.

"참 신기하세요. 안 된다고 하면 더 궁금해하시는 것 같아요!"

"알 수 있을 것 같은데요."

"절대 알 수 없습니다."

"동사무소에 가면 확정일자 받은 것을 확인할 수 있지 않은가요?"

"동사무소에서 임차인 확정일자를 알려준다는 말 어디서 들으셨나요?"

"그럴 것 같아서요."

"개인정보 보호 때문이라도 알려주지 않겠지만, 그 사람이 임차계약과 주민등록 전입만 하고 자신이 선순위라는 사실을 알고는 확정일자를 안 받았다면 어쩌시려고요!"

"확정일자 없으면 대항력이 안 생기는 것 아닌가요?"

"대항력 발생과 확정일자는 전혀 상관없습니다."

"확정일자 없어도 대항력은 발생한다는 말인가?"

"네, 그렇습니다."

"인근 중개업소에 가면 알 수 있지 않을까요?"

"꽤나 짓궂으시네!"

"생각해보니 박사님 말씀이 맞을 것 같습니다."

"맞을 것 같은 게 아니라 100%입니다. 실감나시라고 실제 사례를 하나 보여드리겠습니다. 물론 산더미처럼 많습니다."

## 실감 나시라고 실제 사례를 하나 소개한다

서울동부법원 2018타경 5700번 주거용 오피스텔 경매 물건이다.

- 사건번호 : 2018타경 5700번
- 용도 : 주거용 오피스텔
- 전용면적 : 23.61평
- 감정가격 : 361,000,000원

◉ 전입자 및 권리 현황

　　① 고명○의 전입일 : 2017. 10. 18.

　　② 말소기준 권리 : 2017. 11. 2.

　　③ 배당요구 종기일 : 2019. 1. 7.

　　④ 배당요구 여부 : 배당요구 없음.

◉ 경매 진행 현황 : 2020. 3. 현재 7차 유찰로 8차 경매 진행 중임.
8차 최저입찰가격이 75,707,000원(감정가격 대비 21%)으로 경매
진행 예정임.


# 3억 6,100만 원짜리가
# 7,570여 만 원으로 떨어졌다

서울 지하철 7호선 어린이대공원역(세종대 역)에서 도보로 5분 거리
에 있는 방 세 개, 화장실 두 개인 전용면적 23.61평짜리 주거용 오피
스텔이 감정가격 3억 6,100만 원에 경매가 시작되었는데, 7차 유찰로
감정가격 대비 21%까지 최저 입찰가격이 7,570여만 원으로 떨어진 이
유는 지극히 간단하다. 선순위 전입자 고명○ 때문이다. 일반 경매 투
자자는 입찰해서는 절대 안 되는 물건이다.

제삼자가 낙찰받고 나서 고명○을 만나면 얼마짜리 전세계약서가 뛰
어나올지 알 수가 없다. 휘발유 뒤집어쓰고 불길 속으로 달려들어 가는
것과 별반 다르지 않다.

필자도 2005년에 똑같은 유형의 경매 물건인 명지대학교 인근에 있

는 실평수 18평짜리 남가좌동 연립주택에 입찰했다가 입찰보증금 450만 원을 날린 적이 있다.

"박사님도 이런 유형으로 직접 당하셨다는 말씀이시죠?"

"저도 그렇지만, 남들이 골탕 먹었다고 하면 은근히 재미있습니다."

"그럼요, 재미있죠. 불구경하고 남 싸우는 것, 그리고 골탕 먹는 것 재미없다고 하는 사람은 사람이 아닙니다."

"그러시다가 한번 호되게 당하면 그때 세상이 제대로 보이죠!"

"무슨 말씀이세요, 나는 당하지 말아야죠!"

# 03

# 대항력 없는 후순위 임차인과
# 단순 점유자를 명도할 때

## 후순위 임차인에게 대항력을 부여하지 않는 의미

주택임대차보호법에서는 '선순위 임차인'과는 달리 '후순위 임차인'에게는 대항력을 부여하지 않는다. 대항력을 부여하지 않는 의미는 후순위 임차인은 자신이 전입할 당시 부동산 등기부에 이미 저당권 등 제한물권이 설정된 것을 알고 있는 상태로 전입했기 때문에, 이미 권리를 확보한 제한물권(저당권 등)자의 권리를 해쳐서는 안 되기 때문이다. 만약 대항력을 부여한다면 임차인보다 먼저 권리를 확보한 권리자는 심각한 피해를 당할 수밖에 없게 된다. 다만 주택임대차보호법과 시행령을 통해 일정 금액 이하의 임차인에게는 '소액최우선변제'를 통해 후순위 임차인이라 할지라도 최소한의 주거 안정력을 보장할 뿐이다.

● ××은행 1순위 저당권 설정일 : 5월 10일

● 임차인 구상윤 전입 : 5월 15일이면 후순위 임차인이다.

즉, '저당권 설정 후 주민등록 전입' 순서다.

대항력이 없는 후순위 임차인이 자신의 임차보증금을 회수하는 방법은 크게 세 가지다.

① 배당신청을 통해 전액을 법원에서 배당받은 경우,

② 일부는 소액최우선 배당으로 나머지는 명도당하는 경우,

③ 전액을 명도당하는 경우다.


## 일부만 배당받는 대항력 없는 후순위 임차인

앞의 설명처럼 주거용 경매 물건의 부동산 등기부에 설정된 말소기준이 되는 제1순위 저당권 등보다 시간상으로 나중에 주민등록을 전입한 임차인을 '후순위 임차인'이라고 한다. 후순위 임차인은 대항력이 없어 자신의 임차보증금의 회수 여부와 상관없이 낙찰받아 소유권을 새로 취득한 낙찰자에게 자신이 점유하고 있는 공간을 비워주어야 한다.

"구상윤이는 어떤가요?"

"마음을 가장 아프게 하는 사람이죠!"

"전세보증금을 다 받지 못해서 그렇다는 말씀이시죠?"

"맞아요!"

"소액임차인으로 최우선변제에 따른 배당만 받고 끝나나요?"

"그렇죠!"

"얼마를 받게 되나요?"

"이 경우에는 부동산 등기부상 말소기준권리인 저당권 설정일이 2017년이고, 경매 물건 지역이 수도권 과밀억제권역이니까, 임차보증금 8,000만 원 이하인 임차인에게 먼저 설정한 저당권자 등에 우선해서 2,700만 원까지만 배당해줍니다. 여기에 구상윤이 포함됩니다."

"그러면 일단 2,700만 원은 배당해준다는 말씀이시죠?"

"그렇죠!"

"추가 배당은 없나요?"

"네, 추가 배당은 없을 것으로 보입니다!"

"배당표를 짜보면 후순위 임차인인 구상윤은 법원에서의 배당으로 2,700만 원만을 배당으로 법원에서 받게 될 뿐, 나머지는 날리게 되죠."

"그러면 저항하지 않을까요? 이사비용을 달라는 등, 관리비를 못 내겠다는 등…."

"그러지는 못합니다!"

"왜요? 나 같으면 절대 가만히 안 있을 것 같은데요?"

"기분이야 그럴지 모르지만, 배당금으로 받게 되는 2,700만 원이라도 제대로 찾으려면 낙찰자가 도와줘야 하거든요."

"구상윤에게 배당과정에서 낙찰자가 도움을 받을 일은 없나요?"

"전혀 없습니다!"

"미리 연락하거나 그럴 필요도 없겠네."

"적당한 선에서 한 번 정도는 연락해서 '소액 배당이라도 받으면 다른 소리 하지 마시고 이사 날짜 잡으라!' 이상은 말하지 않으시는 것이 좋습니다!"

"배당금을 받고 다른 소리 하면 그땐 어쩌죠?"

"그러니까 이삿짐 차가 떠날 때 그때 가서 명도확인서와 인감증명서를 주셔야 합니다."

"이사 가기 전에 미리 달라고 징징대면 그땐 어쩌죠?"

"무슨 말을 해도 사전에 주면 안 됩니다. 그런 사람은 배당금을 찾고 나면 100% 다른 소리 합니다!"

"나라도 그럴 것 같아서 물어봤습니다."

"다른 곳에 집 계약하려고 해도 계약금이 없다고 우는소리를 한다고 거기에 넘어가면 안 됩니다."

"그런 식으로 도와달라고 하면 대개는 약해질 것 같아요."

"맞아요! 대개가 그런 식이거든요. 낙찰자가 나가라고 해서 이사 가려고 다른 집 알아보았는데, 마땅한 집이 있다. 그런데 계약하려고 하는데 계약금이 없다. 어차피 찾게 될 배당금을 미리 찾게 해달라. 그 돈으로 계약하고 나갈 때 속 안 썩이겠다는 식으로…."

"맘 약해지게 하는 작전이네."

"넘어가시면 안 됩니다. 뻔한 수작입니다. 여러 차례 말씀드렸지만, 무슨 일이 있어도 공과금까지 다 정리시키고 이삿짐 차 떠날 때 서류 내주셔야 뒤통수를 맞지 않습니다."

"배당금을 찾아놓고 나서 딴소리하면 난감하다는 말씀이시죠?"

"그렇죠. 여태까지와는 태도가 180도 달라집니다."

"그렇게까지 하나요?"

"아닌 말로 이사비 안 주면 못 나가겠다고 버티면 어쩌시려고, 골치 아픕니다!"

"에이, 설마 그렇게까지 할까요?"

"그렇지는 않겠지만, 그런 인간들 있다니까요."

"어쩌다 한두 사람이 그렇겠죠?"

"내가 걸리면 골치 아프죠!"

"알았습니다. '이삿짐 차 떠날 때 명도확인서 줘라!' 꼭 그렇게 하겠습니다."

## 임차보증금 전액을 날리는 후순위 임차인

소액최우선보호 범위를 벗어나서 임차보증금 전액을 날리는 임차인으로, 명도 과정에 상당한 마찰이 일어나게 된다.

경매개시결정일 이후에 전입한 전입자

- ◉ 경매개시결정일 : 5월 10일
- ◉ 임차인 박길동 전입일 : 5월 15일에 해당하는 경우다.

후순위 임차인 박길동에게는 대항력이나 배당과는 전혀 상관없다. 어떤 이유로 거짓에 가까운 전입을 했다면 그나마 다행일지도 모르겠다. 그러나 만약 진짜 임차인으로 전입한 경우라면 명도 과정에서 불상사가 발생할 수도 있다. 혹시라도 소액 배당에라도 참여할 수 있을 것으로 생각하면 안 된다. 경매개시결정 이후에 전입한 임차인의 경우에는 주택임대차보호법의 보호 대상에 처음부터 포함되지 않는다.

박길동의 주민등록전입일이 경매개시결정기입 등기일 이후라고 해보자. 배당요구를 한다고 해도 소액최우선 배당에도 참여하지 못한다. 경매개시결정일 이후에 전입했다는 임차인과는 처음부터 거친 말들이 오고갈 수밖에 없다.

"세입자 아니시죠?"

"당신이 낙찰자면 낙찰자고, 집주인이면 집주인이지, 세입자네 아니네, 그런 소리를 왜 하쇼? 당신이 판사여, 경찰이야? 뭐야?"

"망한 집주인 윤순○ 씨와는 무슨 관계세요?"

"무슨 관계라니, 내가 그것을 당신한테 말을 해야 하나?"

"말 막 하지 마세요!"

"여러 말 말고, 나는 내 돈만 받으면 나가지 말라고 애원해도 내 발로 나갈 테니 그리 아쇼오."

"법원이 주지도 않겠지만, 소액이라도 배당금을 받으시면 박길동 선생은 잘못하면 골치 아픈데!"

"뭔 소리여, 내 돈 내가 받는데 뭐가 문제고, 누가 골치 아프다고, 아는 체하지 말고 시비 걸지 맙시다!"

"조용히 대강 빨리 나가세요, 1층에는 우길순 씨가 사는 것으로 아는데, 그렇다면 한방에서 같이 사셨어요?"

"그런 걸 왜 묻고 난리여, 경매당한 집에 세 들어왔다가 몇 달을 살지도 못하고, 보증금 날리고 쫓겨나는 불쌍한 사람이니 더 건들지 맙시다!"

"이사 날짜 잡으세요! 그러면 배당일하고 상관없이 미리 배당금을 찾게 내 서류를 내줄 테니까."

"아이고, 그게 정말이요? 그렇게만 해준다면 나는 당장이라도 비워주지, 암 비워주고말고!"

"대신 우길순 씨네도 집에서 함께 나가셔야 내 서류 줍니다!"

"내가 우길순 씨한테 한 번 물어보고 전화할 테니 기다려보쇼오."

"집주인도 함께 이삿짐 싸지 않으면 절대 서류 안 드립니다. 내 서류 없으면 돈 못 찾는 거 아시죠?"

"알았소, 알았다니까. 내가 집주인에게 연락해보고 연락드리리다!"

"그러면 나도 그렇게 알고 가보겠습니다!"

"약속 꼭 지키세요."

"염려 마시고 집주인한테 연락이나 잘해서 얼굴 붉히지 말고 헤어지자고 전해주세요!"

가장 임차인(이 경우에서 박길동)이 있으면 이 가장 임차인을 활용해서 망한 집주인(이 경우에서 우길순)의 명도로 연결하는 방법은 고전적이지만, 효과만점이다.


## 더 골치 아픈 불법체류자인 단순 점유자

● 경매개시결정일 : 5월 10일

● 점유자 정길동 : 전입 없음에 해당하는 경우다.

대항력이나 배당과는 전혀 상관없는 단순 점유자다. 낙찰받은 부동산을 점유해서 살고는 있는데 도대체 아무런 흔적이 없다. 경매당한 주거용 부동산 주소로 전입을 하고 있지 않아 신분을 전혀 알 수가 없다. 주민등록전입이 안 되어 있어 신분마저 알 수 없으니 '강제집행'을 신청하는 것조차도 쉽지 않다. 실전 명도에서 낙찰자를 가장 골치 아프게 하는 존재다.

실제 최근에 필자 주변에서 일어난 사례다.

"서울동부지방법원 소속 집행관 집행관입니다. 신분증은 여기 있습니다."

"어쩐 일이시죠?"

"강제집행 신청이 들어와서 현장 조사 나왔습니다. 그런데 선생님은 누구신가요?"

"이 집에서 사는 사람인데요."

"동사무소에 전입한 세대도 없고 아무도 안 사는 걸로 되어 있는데."

"내가 살고 있는데 무슨 소리세요? 전입을 안 하고 산다고 사람이 아니라는 말이세요?"

"그런 말은 아니고요, 성함이 어떻게 되세요, 혹시 신분증 있으세요?"

"여기 있습니다!"

"정길동 씨네요, 인적사항 좀 메모하겠습니다. 정길동 씨를 상대로 '인도명령신청'된 것이 없으니 오늘은 우리는 일단 돌아가겠습니다."

그리고 나서 집행관이 낙찰자에게 정길동이 점유하고 있으니 정길동을 상대로 강제집행을 위한 '인도명령신청'을 해야 강제집행이 가능하다고 연락해왔다. 연락을 받은 낙찰자가 집행관 사무실로 가서 정길동의 인적사항을 바탕으로 '인도명령신청'을 했다.

관할 법원인 서울동부지방법원에 인도명령을 신청한 지 약 일주일 만에 '인도명령결정'이 다시 떨어졌고, 인도명령결정문을 바탕으로 정길동을 상대로 강제집행을 신청하자, 집행관이 다시 현장을 방문한 것이 3주 정도 지난 다음이었다.

"딩동 딩동 딩동"

"누구세요?"

"엥, 사람이 바뀌었나?"

"무슨 말씀이세요, 누가 바뀌었다는 말씀이세요?!"

"정길동 씨는 어디 계세요?"

"정길동이 누구에요? 이 집에는 나만 살고 있는데!"

"서울동부지방법원 소속 집행관 집행관입니다, 신분증은 여기 있습니다."

"그런데 어쩐 일이시죠?"

"정길동 씨를 상대로 강제집행 신청이 들어와서 현장 조사 나왔습니다. 그런데 선생님은 누구신가요?"

"아까 말했잖아요. 이 집에서 사는 사람이라고!"

"언제부터 사셨어요? 우리가 3주 전에 왔을 때는 정길동 씨라는 사람이 자기가 살고 있다고 했는데."

"무슨 말씀이세요? 우리가 몇 년 전부터 살고 있는데 그런 사람 안 사는데요!"

귀신이 곡할 노릇이다.

"그러면 정길동 씨는 누군가요?"

"같은 말하게 하시네. 그걸 저희가 어떻게 알아요, 모릅니다!"

## 점유자가 바뀌었다는데, 신원 공개를 거부한다

"확실히 안 사시는 거 맞나요?"

"모른다니까요. 알면 안다고 하지, 거짓말을 왜 하겠어요!"

"그러면 선생님 성함이 어떻게 되세요, 혹시 신분증 있으세요?"

"제가 드려야 하나요? 있어도 드리지 못하겠는데!?"

"어떻게 이사 오셨어요?"

"내 발로 들어왔죠!"

단순 점유자가 존재하는 서울 송파구 아파트를 낙찰받고 잔금납부 후에 낙찰자가 신청한 '강제집행'을 위해 현장을 방문한 담당 집행관과 그동안 바뀐 새 점유자 사이에 입씨름이 벌어지고 있다.

"신분을 알려주실 수 없다는 말씀이시죠?"

"제가 그걸 알려드려야 할 의무가 있나요?"

"말씀 안 해주시겠다면 어쩔 수 없죠!"

집행관은 집행현황서에 강제집행 대상자 정길동을 발견하지 못해 강제집행 계고는 하지 못하고, 대신 '성명불상자' 점유로 기재하고 돌아가 버렸다. 정길동 상대로 한 강제집행을 신청한 사이에 점유자가 달라져 있어 수포가 된 것이다.

낙찰자가 정길동을 상대로 강제집행을 신청하고 결정이 나고, 그 결정문을 바탕으로 집행관과 강제집행 일정 등을 조율하는 사이에 채무자가 점유자를 바꿔치기해버린 것이다.

아니면 처음부터 '신원불상자'가 살고 있었는데, 집행관이 현장 조사를 나오자 아무나인 정길동에게 일당이라도 주고 아르바이트를 시켜서 그 집에 있다가 집행관을 상대하게 했을 수도 있다. 그러나 이런 것은 그다지 중요하지 않다. 현재 점유를 주장하는 자를 다시 상대해야 하게 될 수도 있다는 것이다.

낙찰자는 여기까지 당하고 나서 필자에게 '어떻게 하면 좋을지, 답이 없냐'고 전화해왔다.

"어쩔 수 없죠, 그나마 신분이 확인된 정길동을 상대로 '점유이전금지가처분' 신청을 해야 했는데 지금이라도 처음부터 다시 해야 합니다."

"그러면 지금 점유자에게는 효력이 있나요?"

"지금 점유자는 점유개시를 자기가 주장할 수 없으니, 이제라도 최종적으로 확인된 정길동을 상대로 '점유이전금지가처분' 신청부터 다시 하셔야 합니다."

망한 집주인의 뻔한 장난질에 화가 나지만 어쩔 수 없는 상황이다. 돈과 시간이 얼마나 더 들어갔을까는 상상하는 대로일 것이다. '점유이전금지가처분' 신청에 관해서는 뒤에서 살펴보자.

# 권리 없는 자가 끝까지
# 이런저런 장난을 칠 때

## 모든 명도 문제는 결국은 돈 문제로 귀착

앞에서 살펴본 것처럼 권리 없는 자들을 상대로 하는 명도 작업이 만만치 않다.

"우 박사님! 정말로 강제집행은 한 번도 안 해보셨어요?"

"네, 정말입니다! 안 믿어지시죠?"

"어떻게 그게 가능했을까요?"

"내 복일 수도 있고 운일 수도 있고 그렇죠!"

"비결이라도 있나요?"

"명도에 비결 그런 것 절대로 없어요!"

"그래도 어떤 원칙이 있는 거 아닐까요?"

"원칙까지는 아니고, '역지사지(易地思之)' 정도는 잊지 않고 살고 있습니다."

"저쪽에서 원칙 무시하고 막무가내로 이사비용을 달라, 체납관리비 부담하라고 하면 쉽지 않을 듯한데요."

"그렇죠, 모든 점유자한테 역지사지(易地思之)로 대하라는 것은 아니고, 상대방을 가려가면서 대응하면 됩니다!"

"아, 그렇구나. 상대방을 봐가면서 몰아내기도 하고, 돈으로 어르기도 하고 그러시는구나!"

"적나라하게 표현하면, 크게 틀린 표현은 아닙니다."

"명도로 낙찰자의 머리를 아프게 하는 사람들이 누굴까요?"

"알아 맞춰보세요, 명도에서 낙찰자를 머리 아프게 하는 그룹이 누굴지?"

"다들 골치 아프지 않나요!"

"그렇지만 그중에서도 지능적으로 골치 아프게 하는 사람들이 있어요."

"글쎄요, 내 생각으로는 진짜 보증금을 한 푼도 못 받고 명도당하는 사람들 아닐까요?"

"망해서 집 비워주고 안가는 사람이나, 보증금 떼이고 쫓겨나가는 사람이 고분고분하게 나가기만 할까요?"

"그럴 수도 있지만, 임차인보다는 채무자나 보증인이 어려울 것 같은데요."

"그럴까요?"

"보통은 임차보증금을 날리는 임차인의 저항이 더 심할 것 같지만, 사실은 집주인이나 보증인이 더 지능적인 경우가 많거든요."

"정말 그런가요?"

## 자영업자와 월급쟁이 차이

"집주인이나 보증인은 경매에 관한 지식이나 법률 상식을 더 많이 아는 경우가 많아요."

"앞에서 이야기해주신 것처럼 주소 전입도 안 된 사람이 점유자라고 나타나고, 어렵게 강제집행 진행해서 집행관이 찾아갔더니 다른 사람이 튀어나오고, 그래서 두세 번씩 '인도명령' 신청하게 해서 돈 쓰고 시간 걸리게 하는 등 골탕을 먹여서라도 낙찰자에게 손해를 발생시켜 한 푼이라도 더 뜯어가려는 사람들은 낙찰자보다 경매 지식도 한 수 위라고 봐야 할 것 같아요."

"그럴 수도 있겠네요."

"작더라도 사업하는 사람들의 특성 있잖아요. 월급쟁이나 세입자보다는 배짱이 더 세다든가, 민사소송의 문제점들을 더 잘 알고 있어서 그런 걸 가지고 낙찰자를 애먹이려고 들면 더 골치가 아파요."

"사업하는 사람들은 월급쟁이들하고는 다르다는 말에 동의합니다."

"맞아요, 그런 의미에서 보면 작은 사업이라도 제대로 운영하는 사람들은 존경해야 마땅하죠!"

"그래서인지 채무자가 사는 주거용 부동산은 명도 과정에서 저항이 심한 것이 분명합니다."

"갈수록 어려워지는 자영업자들의 상태가 심상치 않습니다."

"경매 물건 증가로 이어지는 비극의 파이프 맞습니다."

"경제 문제를 이념 문제로 재단하려는 얼치기들 때문입니다."

"자본주의 체제에서 비자본가가 인간대접 받은 역사는 없습니다."

# 채무자와 보증인의 차이

"제가 생각하기에는 집주인보다는 보증을 섰다가 집을 날리는 사람들이 더 심하게 저항할 것 같은데요?"

"반드시 그런다고 볼 수는 없지만, 어느 정도 일리는 있어요!"

"그렇잖아요! 보증 잘못 섰다가 돈 한 번 제대로 만져보지도 못하고 쫓겨나려니 분하지 않겠어요?"

"경험상으로도 남에게 보증 섰다가 경매당한 사람들이 더 애를 먹이고 머리가 아팠던 것 같아요."

"나라도 그럴 것 같아요."

"보증 서 준 것에 대한 자기 잘못은 인정하기 싫겠죠."

"경매로 집을 날리는 사람들은 어쨌거나 자기가 돈 만져본 것과는 다르게, 보증인은 보증 서 준 죄밖에 없다고 생각하기 쉽습니다. 웬만해서는 눈앞에서 벌어지고 현실을 받아들이려고 하지 않을 것 같아요."

"딱히 어떻다고 정의하기가 어려울 것 같지만, 임차인의 명도보다는 어렵다는 것만은 분명합니다."

다음은 점유하고 있는 부동산을 언제까지 낙찰자에게 넘겨주지 않으면 집행관이 강제집행을 하고, 거기에 들어간 비용은 쫓겨날 사람이 부담한다는 내용의 '강제집행예고장'이다.

"이런 것도 있었네요, 끝까지 버티다가는 결국 망한 집주인이나 보증인이 집행비용까지도 물어내야 한다는 것이네요?"

"그렇죠, 그러니 강제로 쫓겨나가지 말고 자진해서 집을 비워주라는 최후통첩인 셈이죠!"

"이런 상황이 오면 망한 집주인이나 보증인, 그리고 막무가내로 버티는 사람들도 계속 버티기는 어렵겠네요."

## 필자가 실행했던 강제집행실행 예고장

필자가 낙찰받아 강제집행을 신청한 까닭에 채권자가 필자고 채무자는 전 소유자였다.

"대단하시네요, 정말 20년 이상 현장에 계시다는 것이 든든합니다."

"여러 번 말씀드렸지만, 마음만 먹으면 부동산 경매는 치매만 안 걸리면 죽을 때까지 할 수 있잖아요, 저는 앞으로도 20년 더 계속할 수 있다는 것이 얼마나 즐거운지 모르겠습니다."

"말씀대로 앞으로 20년 더 현장에 있어주세요!"

"그럴지도 모르겠습니다."

"아무튼, 이 예고장은 집행관이 실행하나요?"

"네, 그렇지요!"

"통지받고도 버티면 그때는 어떻게 되나요?"

"그때는 정말 집행관이 강제로 물리력을 행사할 수도 있어요."

"강제집행을 할 수도 있다는 말씀이세요?"

"그렇죠, 이 단계에 오면 채무자나 후순위 임차인, 그리고 단순 점유자에게는 최후의 비극적인 상황이라고 봐야 합니다."

"막무가내로 버텨서 해결될 일이 없는, 그러니까 언제든지 낙찰자(＝채권자)가 결심만 하면 실제로 강제집행을 할 수 있다는 말씀이세요?"

# 부동산인도 강제집행 예고

사건 : 19본2073 (6부)

채권자 : 우형달

채무자 : 한○○


위 당사자 간 서울동부지방법원 2019타인○○호 집행력 있는
판결(결정)에 기하여 채권자로부터 부동산인도 강제집행 신청이 있으니,
2019년 10월 2일까지 자진해서 이행하시기 바랍니다.


위 기일까지 자진해서 이행하지 않을 때에는 예고 없이 강제로 집행이
되고 그 비용을 부담하게 됩니다.


2019. 09. 25.


서울동부지방법원
집행관 ○ ○ ○

## 2019년 가을에 있었던 일이다

"그렇지요!"

"다음에 보는 것처럼 집행에 소요되는 비용으로 104만 원은 낙찰자가 미리 법원에 납부하고 강제집행을 하고 난 다음, 이 비용도 명도당한 사람에게 청구할 수 있다는 말씀이시죠?"

"그럴 수도 있고요!"

"그런데 이런 내용까지 말씀하시는 목적이 따로 있는 것 같아요?"

"잘 보셨어요, 두 가지 이유에서 말씀드리고 있는 겁니다."

"두 가지라고요?"

하나는 막무가내로 버티는 채무자나 보증인들에게 낙찰자들이 대책 없이 끌려가지 않을 수 있다는 것과 또 하나는 아무런 권리도 없으면서 이사비라도 받아내겠다며 무작정 버티는 사람들에게 대책 없이 그러다가는 오히려 큰코다칠 수 있다는 것을 알려드리고 싶어서다.

## 채무자나 보증인은 '인도명령'으로 정리

"아무런 권리 없이 버티는 사람은 무조건 강제집행으로 정리하라는 말씀이세요?"

"그런 건 아니고요, 제 생각은 채무자나 보증인은 임차인과는 명도 전략이 좀 달라야 한다고 생각하거든요."

"자세히 설명해주세요."

"보증금을 못 받고 집 비워주는 임차인에게는 낙찰자가 조금 더 양보해서라도 대화로 해결하는 것이 바람직하겠지만, 채무자나 보증인에게는 굳이 이사비용을 줘가면서까지 대화할 필요가 없다는 말입니다."

"임차인한테는 낙찰자가 조금 더 양보해서라도 이사비용이 들어가더라도 대화로 해결할 것을 권하지만, 채무자나 보증인이 막무가내로 나오면, 어설픈 동정심에 대책 없이 바보처럼 끌려갈 필요는 없다는 말씀이시죠?"

"그렇겠죠!"

"인도명령 신청으로 채무자나 보증인을 명도하는 데 비용은 어느 정도나 들까요?"

"어려운 질문입니다. 왜냐면 답이 없거든요."

"그래도 대략 이런 정도다 하는 평균은 있을 것 같은데요?"

"대강의 시세를 말해도 될까요?"

"대략 어느 정도인가만 알려주셔도 참고가 됩니다."

"서울지역 아파트를 기준으로 말해도 될까요?"

"그러면 쉽게 감이 잡힐 것 같아요!"

"32평형, 층수는 한 7~8층이면 대략 450~600만 원 정도로 예상할 수 있어요."

"그러니까 그 범위 이상으로 이사비용을 요구하면 집행관을 통한 강제집행을 고려해도 된다는 말씀인가요?"

"그렇죠, 채무자나 보증인에게 끌려다니면서까지 명청하게 자비를 베풀 필요는 없다고 보는 거죠."

"무슨 말인지 잘 알겠습니다."

"그러니까 법에서도 채무자나 보증인에 대해서는 '명도소송'이 아니고 '인도명령'으로 집행문 부여하잖아요."

"'명도소송'과 '인도명령'은 어떤 차이가 있나요?"

"많은 차이가 있습니다. '인도명령'은 신청이고 '명도소송'은 정식 재판이라고만 아셔도 됩니다."

"임차인에게는 무조건 명도소송을 해야 한다는 말씀인가요?"

"아니요, 달라요! 선순위 임차인은 '명도소송', 후순위 임차인은 '인도명령' 대상이라고만 알아두세요."

"그런가요? 그래도 예납비용이 생각보다 많이 드네요. 그리고 그 돈은 미리 내야 한다고 하던데…."

"집행결정문 받아서 집행관에게 접수할 때 미리 납부해야 하는 것 맞아요. 그러니까 '집행비용예납'이라고 하죠!"

"400만 원이면 적은 돈은 아니네요?"

"그렇게 말하기는 좀 곤란하고, 아무튼 채무자가 이 이상으로 이사비용을 요구하면 강제집행을 생각해볼 필요는 있어요."

"인도명령 신청을 했다고 꼭 강제집행 해야 하는 것은 아니죠?"

"일단 강제집행을 신청만 해도 채무자나 보증인한테는 압박 효과가 있습니다."

"강제집행 신청했다가 실제로는 집행하지 않으면 미리 낸 집행예납금은 어떻게 되나요?"

강제집행을 신청했다고 하더라도 상대와 협의가 잘 되어서 실제로 강제집행할 필요가 없어지면, 낙찰자가 '집행신청취하서'를 접수시키면 미리 냈던 집행비용 중에서 그동안 사용했던 일부 금액을 빼 나머지 금액은 돌려준다.


## 점유이전금지가처분 신청의 필요성과 효과

"소유자나 보증인의 가족이 살고 있는 경우와 점유자가 있는 경우에는 '점유이전금지가처분' 신청을 인도명령 신청할 때 함께해야 합니다."

"꼭 그래야 하나요?"

"앞에서도 말씀드렸던 것처럼 하지 않으면 이중 삼중으로 일이 꼬일 수 있고, 저도 실제로 경험한 적이 있어요!"

"잘 알겠습니다."

"낙찰받을 때는 분명히 채무자 가족만이 살고 있었는데, 나중에 잔금 납부하고 나서 대책 없이 가보니 주민등록 전입도 안 한 엉뚱한 사람이 살고 있다고 우기더라고요."

"어떻게 그럴 수 있나요?"

"인도명령을 신청해서 결정문 받아서 채무자를 만나러 갔는데, 며칠 전에 이사 갔다고 하고서는 엉뚱한 사람이 있었다니까요?"

"그래서요?"

"할 수 없이 그 사람을 상대로 다시 '인도명령'을 신청하네, '명도소송'을 신청하네 하면서 또 한 번 난리를 쳤죠!"

"피곤하셨겠어요, 시간과 비용이 두 배로 들었겠네요!"

"그렇기에 채무자나 단순 점유자를 확실히 잡아두는 방법이 '점유이전금지가처분' 신청입니다."

"해야 할 때는 잊지 않고 해야겠네요!"

"채무자는 '점유이전금지가처분' 신청이 되었다는 것만 알아도 점유자를 맘대로 바꾸지 못하거든요."

"왜요?"

"'점유이전금지가처분결정' 이후에 전입한 자는 인도명령 대상일 뿐만 아니라, 불법 주거침입으로 형사 문제로 몰고 갈 수도 있거든요."


## 불법 주거침입으로 형사 문제가 될 수도

"인도명령이나 명도소송은 민사소송이고 '점유이전금지가처분결정' 이후에 점유를 개시한 자는 경우에 따라서는 형사 문제가 될 수 있다는 말씀이시죠?"

"그렇죠, 그게 훨씬 간단하니까요!"

"만약에 점유자가 자기는 진짜 임차인이라고 주장하면 그때는 어떻게 되나요?"

"상관없어요, 입증할 책임은 자기한테 있으니까요."

"불법 점유자라면 채무자 가족하고 마찬가지로 '인도명령신청'으로 해결되지 않나요?"

"점유자가 특정되면 가능하지만, 누군지 알 수가 없을 때도 있어요!"

"그럴 수도 있다고 하셨죠?"

"그렇죠, 분명히 산다고 우기기는 하는데, 전입도 안 되어 있지, 만날 수도 없지, 난감한 상황을 미연에 방지하는 데는 '점유이전금지가처분'

신청이 효과적입니다."

"따로 신문하거나 그러지는 않죠?"

"네, 경매 사건에서 채무자나 보증인을 상대로 한 '점유이전금지가처분' 신청은 일반적으로는 따로 신문하지 않는 것이 보통입니다."

"이 건은 그다지 피곤하지는 않다는 말씀이시죠?"

"그렇죠, 신청만 하면 되거든요."

"비용은 많이 드나요?"

"아니요. 인지대하고 우편 송달료 정도면 해결됩니다."

"결국은 미리미리 사전에 준비하라는 말이군요!"

"네! 핵심이 바로 그것입니다."

"그렇게 하겠습니다."

"여러분들은 이 책을 통해서는 '부동산점유이전금지가처분' 결정문을 처음 보시지 않을까 하는 생각이 드네요!"

"결정 내용이 뭔가요?"

"현재 점유하고 있는 사람들을 상대로 제기한 '점유이전금지가처분'을 법원이 받아들여 준 거죠!"

"주된 결정 내용이 뭔가요?"

앞에서 말씀드린 것처럼 낙찰자가 현재 점유자들을 상대로 제기한 '점유이전금지가처분' 신청에 대해서 결정일 이후에는 다른 사람에게로 점유를 변경해서는 안 된다는 내용으로, 크게 세 가지라고 보면 된다.

① 현재 점유자는 타인에게 점유를 이전하거나 점유 명의를 변경해서는 안 된다.

# 점유이전가처분 신청에 의한 결정문

2097116-6118661

(민사신청과 21단독)
2010-072-

# 서 울 서 부 지 방 법 원

## 21단독

## 결 정

사 건    2010카단 202  부동산점유이전금지가처분

채 권 자    강   구 동
서울 강남구 개포동 11

채 무 자    1. 김
서울 용산구 청파동2가 1    202호

2. 남
서울 용산구 청파동2가 1    202호

### 주  문

채무자들은 서울 용산구 청파동2가                        건물 52.11㎡중 채무자들은 건물
중 2층 별지도면 표시 선내 1,2,3,4,5,6,7,8의 각 점을 차례로 연결한 2층 205호
선내 부분 42.06㎡(철근콘크리트벽식구조 다가구주택 건물)에 대한 점유를 풀고 채권자가
위임하는 집행관에게 인도하여야 한다.
집행관은 현상을 변경하지 아니할 것을 조건으로 하여 채무자들에게 사용을 허가하여야 한
다.
채무자들은 그 점유를 타에 이전하거나 또는 점유명의를 변경하여서는 아니된다.
집행관은 위 취지를 적당한 방법으로 공시하여야 한다.

피보전권리의 내용 : 건물명도청구권

### 이  유

이 사건 부동산점유이전금지가처분 신청은 이유 있으므로 담보로 공탁보증보험증권(서울보
증보험주식회사 증권번호 제 100-000-201000 )을 제출받고 주문과 같이 결정한다.

정 본 입 니 다.
2010. 3.
법원주사보  주 고

② 현재 점유자는 채권자가 지정한 법원 집행관에게 점유 부분을 자진해서 넘겨라.

③ 넘겨받은 집행관은 현상 유지조건으로 현재 점유자들이 사용할 수 있도록 허가할 수 있다.

"핵심사항은 명도 등이 마무리될 때까지 현재 점유자가 자기들 맘대로 점유자를 바꾸지 말라는 말이네요."

"그렇지요."

"일단 이렇게 현재 점유하고 있는 사람들의 발을 묶어놓으면 강제집행을 통한 명도 작업의 9부 능선은 넘었다고 봐도 됩니다."

"사실상 끝난 것 아닌가요?"

점유자 스스로가 자진해서 끝까지 안 넘겨주면 마지막 과정인 실제 집행이 남게 된다.

# 05

# 선순위 임차인이 관리비 밀리고
# 이사비 요구하면

## 단 한 푼도 줄 필요 없다

"이번에 낙찰받은 성수동 물건에서 홍길동이라는 임차인이 명도를 거부한다면서요?"

"진상 짓을 아주 제대로 하고 있습니다. 가만두면 안 될 것 같아요!"

"제가 뭐라고 했어요, 이삿짐을 실은 차가 떠날 때 명도확인서를 줘야 나중에 다른 소리를 안 한다고 몇 번이나 신신당부를 드렸는데….."

"그러기는 하셨는데, 하도 죽는소리하고, 미리 배당금을 찾게 해주면 속은 안 썩인다고 큰소리를 얼마나 치는 바람에….."

"그러니까 선순위 임차인이어서 배당금을 다 받고도, 공과금 체납하고, 거기다가 이제 와서는 이사비까지 안 주면 못 나간다고 우기고 있다는 말씀이죠?"

"네."

"가만두면 정말 안 되겠네?"

"이사비 안 주면 절대 못 나간다고 우기고 있습니다."

"나쁜 버릇 한번 고쳐놓을까요?"

"괘씸해서라도 손 한 번 보고 싶어요!"

"어떻게 하면 좋을까요?"

"그렇죠! 치사하게 나오면 어쩔 수가 없죠!"

"서로 그럴 필요는 없을 것 같은데!"

"싸움을 먼저 걸 필요는 없지만, 싸움을 걸어오는데 마냥 피하는 것은 좋은 방법이 아닙니다."

"그건 그래요!"

"참고 있으면 바보라고 생각하고 더 험한 요구를 하거든!"

"맞아요!"

무리한 요구를 더 하지 못하도록 초반에 제압해놓을 필요가 있다.

"똑같은 사람 되는 것 같기는 하지만, 일리가 있어요!"

"정 그러면 일단 이사비를 최소한으로 합의하세요."

"그러면 달란다고 이사비를 주라는 말씀이세요? 안 그러고 싶은데!"

"선순위 임차인은 인도명령대상이 아니에요. 세입자도 그걸 아는 거죠. 시간 끌지 말고 이사 내보내시고 난 다음, 물어준 이사비용하고 체납한 공과금까지 모두 받을 수 있어요."

"그럴 수 있나요?"

"그럼요, 얼마든지 받아낼 수 있습니다. 돈 준 영수증 자필로 서명을 받아서 잘 보관하고 계세요. 소송해야 하기는 하지만, 보증금을 다 찾아가는 선순위 임차인이 이런 짓을 하면 사기죄로 걸고 들어갈 수도 있어요."

"그런가요?"

"일단 지급명령 신청해서 대응해오면, 형사 문제와 민사소송으로 가면 소송비용까지 다 받아낼 수 있고."

"굳이 그렇게까지는 하고 싶지 않은데….."

"그렇게까지 하고 싶은 사람이 얼마나 되겠어요? 저쪽이 너무 무경우하게 나올 때 사용할 수 있는 방법이라는 말입니다.

"알겠습니다."

"일단 상황을 잘 설명해서 이해하면 간단히 내보내고, 끝까지 이사비용 등을 요구하면 사용 가능한 방법 중 하나입니다."

"영수증을 받아놓으면 되나요?"

"명도확인서에 지불한 금액과 내용을 기재하시고요, 체납 공과금이랑 지불한 관리비도 있으면 영수증을 잘 챙겨놓으세요."

"알겠습니다!"

# 배당금 수령을 위한 명도합의서

## 명 도 합 의 서

낙찰자 : (주)GM**(명도 요청자)

점유자 : 김 길동 (명도 대상자)

부동산 소재지 : 서울시 성동구 성수동 1가 106 -**번지

1. 점유자 김길동은 서울시 성동구 성수동 1가 106 -**번지 건물 중 방2개를 현재까지 점유하고 있는 자로, 위 토지 및 건물의 낙찰자인 (주)GM**에게 아래와 같은 조건으로 명도하기로 합의함.

- 아 래 -

1. 점유자는 201*년 **월 **일까지 현재 점유하고 있는 방2개의 점유를 풀어 낙찰자에게 명도하고 해당 건물에서 자진 퇴거(이사)하기로 함.

2. 낙찰자은 1항의 댓가로 일금 삼백삼십만원(3,300,000원)을 지불하고 점유자는 이를 수령함. 이 명도확인서로 영수증에 갈음함.

3. 점유자는 향후 낙찰자로부터 제기되는 일체의 소송에 관한 권리를 포기하기로 함.

201*년 **월 **일

낙 찰 자 : 주)GM**

점 유 자 : 김 길동 (인)

* 첨부서류 : 명도확인용 법인 인감증명서1통

서울 동부지방법원 귀중

명도확인서를 보면 명도비용으로 330만 원을 제공한 것으로 나타나 있다. 명도합의를 통해 일단 이사를 내보낸 다음 '부당이득금반환청구소송'을 통해서 돌려받을 수 있다. 물론 민사소송이니 전액을 다 받는다는 보장은 없지만, 효과적인 압박수단은 된다.

"전체로 얼마 정도 지불하셨나요?"

"이사비용에 밀렸던 관리비하고 공과금까지를 합해보면 약 600만 원 정도 든 것 같아요!"

"영수증으로 확인할 수 있는 금액이 총 얼마인가요? 입증할 수 있는 금액이 중요하거든요!"

"영수증을 전부 합해보면 600만 원 정도 됩니다!"

"알겠습니다. 이 금액은 소액심판이니 혼자 소송하셔도 충분합니다!"

"송사에 휘말리지 않고 사는 게 목표였는데 피곤하네요?"

"그러게 말입니다. 그래도 소액심판이어서 비용도 얼마 들지 않고, 또 시간이 오래 걸리지 않아서 지금 같은 경우에는 활용하면 효과가 있습니다!"

"돈 받아간 임차인이 심적으로 압박감을 느낄까요?"

"그럼요, 느끼다마다요!"

"소송을 제기하기 전에 연락해서 받아간 돈과 공과금, 그리고 관리비 대납한 것을 돌려달라고 한번 해볼까요?"

"그것도 좋은 방법입니다, 그렇게 한번 해보세요."

"제 생각에도 그때는 주변 사람들이 이사비용을 받을 수 있다고 부추기는 바람에 그랬다고 하더라도, 이제 와서는 재판에서 지면 소송비용까지 꼼짝없이 물어주어야 할 판이라서 무조건 거부하기는 힘들 것 같은데."

"그러시면 소송하기 전에 한번 만나보세요."

"김길동한테 연락해보고 다시 연락드릴게요."

"그러세요!"


## 씨도 안 먹히는 대화

"여보세요, 김길동 씨죠?"

"네, 누구시죠?"

"성수동 집을 낙찰받아 이사비용을 물어주었던 사람입니다. 기억나시죠?"

"기억은 나는데 웬일이시죠? 다 끝났는데 아직도 볼일이 남아 있나요?"

"선생님, 이사 가실 때 이사비용하고 밀린 관리비 등을 내가 대신 냈잖아요!"

"그거야 다들 그러는 거 아닌가요? 특별히 세입자를 위해서 내 주었다고 말하려는 것은 아닐 거고, 용건이 뭐요?"

"그때 낸 비용과 내가 준 이사비용을 돌려달라는 말씀을 드리려고요!"

"뭐라고요? 그때 준 돈을 나보고 다시 돌려달라고요?"

"네, 그렇습니다!"

"무슨 애들 장난질하는 것도 아니고 합의해서 줘놓고서는, 집 비워주니까 이제 와서 돌려달라고 하는 경우는 세상에 어떤 경우요? 사람 가지고 장난하는 거요, 뭐요!"

"사람 가지고 장난이야 선생이 먼저 하셨잖아요. 명도확인서를 미리 줘서 배당금을 찾게 도와주면 군말 없이 이사 가겠다고 철석같이 약속해놓고서는 배당금 찾고 나서는 말 바꾸어서 이사비용 달라고 난리 친 사람이 누굽니까?"

"그 이야기를 왜 또 하는 거요? 바쁘니까 전화 그만합시다."

"그러면 소송합니다!"

"누가 누구를 상대로 무슨 소송을 한다는 거요?"

"선생을 상대로 형사고소와 민사소송을 내가 하겠다는 말이죠!"

"뭐라고요? 맘대로 한번 해보세요."

"그렇게 큰소리만 칠 상황은 아닌 것 같은데요!"

"알아보기는 뭘 알아봤다고 이상한 소리를 하시나. 그만 끊읍시다."

"나중에 후회하지 마시고 한번 알아보시고 연락할 일 생기면 전화해주세요, 일주일 시간을 드리겠습니다."

"일주일이고, 일 년이고 전화할 일 없을 테니 맘대로 한번 해보세요. 다시는 전화하지 마세요."

"알아보고 그때 가서 큰소리쳐도 늦지 않을 겁니다. 제대로 알아보시고 연락해주세요."

"참 딱한 양반이네. 전화할 일 없다니까, 그러시네?"

"나중에 소송비용까지 물어내지 마시고 현명하게 잘 판단하세요. 이만 끊습니다."

# 좌우 구분 못 하는 사람

"연락해보셨어요?"

"씨도 안 먹히더라고요. 주객이 전도되어 오히려 저한테 큰소리를 치더라고요!"

"그런 경우가 보통이죠."

"어쩔 수 없이 박사님 말대로 소송으로 가야 할 것 같아요!"

"일단 지급명령 신청부터 하시죠. 아니면 곧바로 소액심판으로 가도 되고."

"그러면 지급명령부터 신청하면 어떨까요?"

"좋을 대로 하세요. 비용은 이런 경우 10~20만 원 정도면 충분하거든요."

"그렇게밖에 안 드나요?"

"인지대와 송달료만 납부하면 됩니다!"

"정확히 얼마인지 알 수 없을까요?"

"접수하러 민사신청과에 가면 알려줍니다."

"어쩔 수 없지만 그렇게 해야겠습니다."

"그 양반도 딱한 사람이네요. 버티다가는 나중에 소송비용까지 물어낼 건데, 직장 다니는 사람이라고 그러셨죠?"

"네!"

"나중에 채무 이행하지 않으면 직장에 연락 가고 추심절차 들어가고 그러면 좋을 일 하나 없는데?"

"그러게 말입니다."

# 06

# 낙찰자를 봉으로 아는
# 후순위 임차인을 만나면

후순위 임차인이란, 해당 부동산에 말소기준권리보다 나중에 대항요건을 갖춘 임차인을 말한다. 따라서 대항력이 없다. 배당요구 여부나 배당 여부, 배당 액수에 상관없이 낙찰자가 추가로 인수할 필요가 없는 임차인이다. 이미 아는 내용이다. 실제 경매 사건에서 그들은 다음과 같은 유형으로 나누어진다. 나누어서 대응해야 한다. 후순위 임차인을 상황별로 구분해서 명도 전략을 따져보자.

## 이런 임차인이 있는 다가구주택을
## 낙찰받았다고 해보자

세 사람 모두 말소기준이 되는 저당권 설정일 이후에 전입한 '후순위 임차인'이라고 해보자.

① 모두 배당받은 후순위 임차인(강승준)

② 일부는 배당받고 나머지는 명도당하는 후순위 임차인(남궁미)

③ 전액 명도당하는 후순위 임차인(박장부)으로 나누어서 명도 전략을 수립해야 한다.

그리고 배당표는 다음과 같다고 가정하자.

## 배당표를 정리해보자[1]

| 순위 | 채권자 | 채권액 | 배당금액 | 배당이유 | 배당 후 잔액 | 추가배당 | 결 과 |
|---|---|---|---|---|---|---|---|
| 1 | 강승준 | 1,200만 원 | 1,200만 원 | 소액임차인 | 0 | | 전액배당, 배당완료 |
| 2 | 성업공사 | 1억2,000만 원 | 1억2,000만 원 | 저당권자 | 0 | | 전액배당, 배당완료 |
| 3 | 남궁미 | 7,000만 원 | 3,300만 원 | 확정임차인 | 3,700만 원 | | 채권고갈, 배당종료 |

## 소액최우선배당으로 전액 배당받은 강승준

이 물건의 경우 임차인 세 가구 모두 대항력 없는 후순위 임차인이다. 후순위 임차인이라고 해도 배당을 통해 전액 배당받는 임차인은 명도 과정에서 상대적으로 부담이 적다. 강승준이 여기에 해당된다.

"강승준 씨는 소액으로 전액 배당받는 거 아시죠?"

"네! 그렇다고 들었습니다."

"배당받는 대로 이사 날짜 잡아주세요."

---

1) 경매집행비용을 제외한 1억 6,500만 원이 배당가능금액이고, 당해세 등 다른 조건은 무시하고, 빅장부는 배당에서 빼는 조건으로 작성된 배당표다.

"그러죠!"

"다행이에요, 후순위인데도 전액을 배당받을 수 있어서."

"이럴 때는 가난하다고 덕을 좀 보네!"

"다른 집들은 일부만 받거나, 하나도 못 받기도 하니까 휩쓸리지 마세요."

"무슨 말씀이세요?"

"혹시라도 단체로 행동해서 낙찰자한테 이사비라도 받아내자고 누가 선동해도 동의하지 마시라는 이야기입니다."

"내 것을 다 받는데 낄 필요가 뭐가 있나요. 그러지 않아도 며칠 전에 그런 이야기가 한 번 돌았는데 나는 빠지겠다고 했어요!"

"잘 하셨네!"

"다른 집들은 어떻게 되나요?"

"배당표가 확정돼봐야 알겠지만, 박장부 씨는 하나도 못 받아요."

"보증금 6,000만 원을 다 날린다는 말씀이세요?"

"안됐지만 어쩔 수 없죠! 별다른 방법이 없어요. 배당금이 거기까지는 못가니까."

"모른 체하고 1,200만 원을 배당받으면 조용하게 사라지렵니다."

"그게 현명합니다. 이사할 날짜가 잡히면 다시 연락을 주세요."

"그럽시다."

"가능하면 하루라도 빨리 이사날짜 잡아주세요."

"그래도 배당되는 것은 보고 다른 집 계약해야 하는 것 아닌가요?"

"별 일 없습니다!"

"알겠습니다."

## 일부만 배당받고 나머지는 명도당하는 남궁미

분위기가 조금씩 험해지기 시작한다. 비록 마음은 편하지는 않지만, 이런 경우의 임차인도 명도부담은 그리 크지 않은 것이 보통이다. 비용이 추가로 들어갈 일도 그리 많지 않다. 배당을 통해 일부라도 임차보증금을 받아가는 임차인은 명도에 큰 문제가 되지 않기 때문이다.


## 주택 점유해지 및 명도요청서

"사장님이 저한테 '주택 점유해지 및 명도요청서'라는 내용증명을 보내셨어요?"

"남궁미 씨가 자꾸 말을 바꾸고, 전화도 잘 안 받고 그러니까 법적 조치라도 할까 해서요."

"그런 거 뭐 한다고 보냅니까, 이사비만 좀 주면 나간다는데?"

"무슨 이사비를 1,000만 원씩이나 달라고 하세요. 저희는 법인이어서 혼자서는 아무런 결정도 못 합니다. 그리고 그 돈이면 방을 하나 얻어달라는 말이나 마찬가지지."

"사장님도 한번 생각해보세요, 보증금 7,000만 원 살다가 3,300만 원만 받고, 3,700만 원을 날리게 생겼습니다. 생각만 하면 피눈물이 납니다."

"안타까운 거야 이해하지만, 누구를 탓하시면 뭐 합니까."

"긴말 마시고 이사비로 1,000만 원 안 주시면 죽으면 여기서 죽지,

절대로 못 나갑니다!"

"그렇게 말씀하시면 곤란하다니까요!"

"그걸 말이라고 하세요. 곤란하시다고요, 나는 아주 죽을 맛입니다."

"계속 이러시면 배당받은 금액에도 문제가 생깁니다!"

"뭐라고요, 나를 아주 죽이기로 작정을 하셨네, 작정을!"

"그게 아니고, 일방적인 이야기만 해서는 곤란하다는 것을 말씀드리고 있을 뿐입니다."

"지금이 지옥인데, 지금보다 더 곤란할 일이 뭐가 있겠어요, 죽는 것 말고는!"

"배당받은 금액조차 다 챙기지 못할 수 있으니까, 이쯤에서 이사 날짜 잡으세요!"

"그러면 3,700만 원을 날리고 그냥 나가라는 말이세요?"

"이사비는 10원 한 푼도 드리지 못하니까 그리 알고 계세요, 시끄럽게 하지 맙시다!"

"반 협박조네!"

"협박조가 아니고 하나도 못 받아나가는 사람도 있으니 적당히 하시라는 말입니다."

"내 코가 석 자인데 남 이야기를 왜 하세요!"

"선생이 세입자를 선동하고 다니시니까 하는 말입니다."

"선동한 적 없거든요?"

"있거든요!"

"손해 보는 사람들끼리 단합하자는 것도 죄인가요?"

"죄가 되는지 안 되는지는 나중에 법원에 가서 따지게 될지도 모르니

# 주택점유해지 및 명도요청서를 내용증명으로

## 주 택 점 유 해 지 및 명 도 요 청 서

낙찰자 : (주)GMRC (명도요청자)

점유자 : 남궁*(명도 대상자)

부동산 소재지 : 서울시 은평구 녹번동 109 - *번지


귀하의 건승을 기원합니다.

저희 법인은 0*타경379*호, 서울 서부지방법원 경매3계에서 진행된 경매사건에서 200*년 8월4일에 최고가매수인으로 선정된 뒤 200*년 3월 3일에 잔금을 납부하여 상기 소재부동산의 소유권을 취득한바 있습니다.

아뢰올 말씀은 다름이 아니오라 명도에 관하여 귀하와 유선상으로 몇 번 협의하였으나 의견이 일치되지 않아, 200*년 05월 30일까지 귀하가 무단점유하고 있는 주택부분의 점유를 해지하여 저희법인에게 인도하지 않을 경우 부득이하게 인도명령에 의한 강제퇴거 조치를 취하겠다는 취지를 밝혀두는 바입니다.

아무쪼록 저희의 간곡한 요청에 응하셔서 불미스러운 사태가 발생하지 않기를 바라며, 강제집행으로 인하여 발생하는 비용과 모든 책임은 전적으로 귀하에게 있음을 밝혀두는 바입니다.


- 이 상 -

200*년 04월 15일


(주)GMRC 대표이사 우형달

017 - 341 -

자중하시는 것이 좋을 듯합니다."

"그러지 마시고 이사비 좀 보태주세요!"

"배당받은 금액까지도 다 못 찾을 일 생기지 않게 하시는 것이 어떨까 합니다. 나중에 감당하기 어려울 겁니다!"

끝없는 입씨름이 평행선을 달린다.


## 보증금 6,000만 원을 전액 명도당하는 박장부

안타깝지만, 권리를 제대로 챙겨보지 않고 전입한 임차인의 책임이다. 동정의 여지가 없다. 2층 임차인 박장부는 날리는 임차보증금이 6,000만 원이라는 거액이다. 이 임차보증금을 한 푼도 건지지 못하고, 명도당할 처지에 빠졌다. 명도에서 마찰이 일어날 가능성이 큰 임차인이다.

"한 푼도 배당받지 못하고 나가야 하는 임차인 때문에 머리가 다 아픕니다!"

"누군가 한번 보여줘보시겠어요?"

"그러세요!"

"2층 임차인 박장부를 말씀하시네요."

"네."

"뭐라고 하던가요?"

"구체적인 요구는 하지 않고 살려달라고만 난리입니다."

"그러겠죠. 근데 선생님 생각은 어떠세요?"

"무슨 생각을 말씀하시나요?"

"그러니까 2층 세입자에게 이사비를 어느 정도라도 줄 생각이세요?"

"안 줄 수 있다면 좋겠는데, 어떻게 해야 할지 솔직히 말씀드려 난감합니다. 이럴 때는 어떻게 하실 것 같으세요?"

"일단 강하게 마음을 가지셔야 합니다. 잘 결정하세요!"

"그렇다고는 하던데."

"낙찰자가 마음을 약하게 가지면 부담해야 할 금액이 눈덩이 불어나듯 불어납니다."

"그리고 아파트라면 관리비도 밀려 있겠죠."

"이사비용은 물론이고, 그동안 밀린 관리비까지 대신 내달라는 그런 심보를 부리죠."

"경매하면 무슨 떼돈을 버는 줄 아나 봐요, 다 옛날이야기라던데."

"그렇죠. 경매 좀 한다는 사람들 책임이 크죠. 거기에는 저도 포함되는 것 같고."

"하여튼 무슨 방법이 없을까요?"

"박장부나 남궁미에게 돈 들어간 것 나중에 모두 받아낼 수 있다는 것 아세요?"

"세입자들에게 명도합의로 준 돈을 돌려달라고 할 수 있다는 말이세요?"

"이사비용조로 지불한 거, 밀린 관리비를 대신 지불한 거, 그리고 심지어 이를 돌려달라고 법원에 소송하면서 들어간 비용까지 마음만 먹으면 모두 돌려받을 수 있어요."

## 아시고는 있겠지만, 실제 사용은 신중하면 된다

"그게 가능한 일인가요?"

"가능하다니까요. 독하게 마음먹으면 강제집행 하면서 들어간 비용까지도 몽땅 받아낼 수 있어요."

"그런 내용을 어디에다 써먹나요?"

"남궁미 씨나 박장부 씨 명도하는 데 적당히 활용할 수 있겠죠."

"나중에 소송당하지 말고 적당한 선에서 만족하고 이사를 나가라, 그런다는 말씀이시죠."

"한번 생각해봐야겠습니다."

"설명하면 세입자들도 마음이 흔들릴 거고, 막무가내로 억지 주장만 하기는 쉽지 않을 겁니다!"

"그래도 끝까지 우기면 그땐 어쩌죠?"

"일단 지불해서 내보낸 다음, 시간을 가지고 '부당이득금반환청구소송'을 제기하시면 됩니다."

"그렇게까지는 하고 싶지는 않은데…."

"이해합니다, 꼭 그렇게 하라는 말은 아닙니다."

"일단 한번 다시 만나서 전반적인 이야기를 해보겠습니다만, 마지막까지 대화로 안 되면 압박하는 한 방법으로는 생각하고 있어야겠네요."

"그러시면 됩니다!"

# 이사비용 달라면 일단은 줘라. 사후 회수 가능하다

## 상황에 따라서는 달라고 하면 주는 것도 방법

경매로 소유권을 취득한 집이나 상가건물에 권리 없는 채무자나 임차인이 합법적인 명도를 거부하고 관리비를 체납하고, 막무가내로 이사비 등을 요구하는 경우에 어떤 해결방법이 있을까. 이런 경우 두 가지 해결방법이 있다. 하나는 이사비용 등을 지불하는 방법이고, 또 하나는 강제집행으로 해결하는 방법이다.

그런데 이 두 가지 모두 비용이 발생한다는 것이 문제다. 그렇게 들어간 비용을 다시 받아낼 방법은 없을까. 결론부터 말씀드리면 방법은 있다. 밀린 관리비나 이사비용, 그리고 강제집행에 들어간 비용뿐만 아니라, 이를 회수하기 위해 추가로 들어간 소송비용까지도 회수 대상이다.

지금부터는 그 방법을 살펴보자.

# 화장실 갈 때와 올 때가 다르다[2]

"어처구니가 없네요!"

"무슨 일이 있으세요?"

"저번에 논현동에 있는 빌라 하나 낙찰받은 것 있잖아요?"

"후순위 세입자가 있다고 하시던 것 말씀이세요?"

"그 건은 사당동이고, 얼마 전에 논현동에 빌라 하나 낙찰받은 것이 또 하나 있어요!"

"열심이시네요, 보기 좋습니다."

"그 집에 세입자가 살고 있었는데 한 3,000만 원 못 받고 나가게 생겼었거든요."

"그거 안됐네요."

"그러게 말입니다. 도와달라고 하도 사정을 해서 도와준다고 도와주

---

2) 민사집행규칙 제24조(집행비용 등의 변상) ① 법 제53조제1항의 규정에 따라 채무자가 부담해야 할 집행비용으로서 그 집행절차에서 변상 받지 못한 비용과 법 제53조제2항의 규정에 따라 채권자가 변상해야 할 금액은 당사자의 신청을 받아 집행법원이 결정으로 정한다. ② 제1항의 신청과 결정에는 '민사소송법' 제110조제2항·제3항, 같은 법 제111조제1항 및 같은 법 제115조의 규정을 준용한다.〈개정 2005.7.28.〉

민사소송법 제110조(소송비용액의 확정결정) ① 소송비용의 부담을 정하는 재판에서 그 액수가 정해지지 아니한 경우에 제1심 법원은 그 재판이 확정되거나, 소송비용부담의 재판이 집행력을 갖게 된 후에 당사자의 신청을 받아 결정으로 그 소송비용액을 확정한다. ② 제1항의 확정결정을 신청할 때에는 비용계산서, 그 등본과 비용액을 소명하는 데 필요한 서면을 제출해야 한다. ③ 제1항의 결정에 대해는 즉시항고를 할 수 있다.

민사소송법 제114조(소송이 재판에 의하지 아니하고 끝난 경우) ① 제113조의 경우 외에 소송이 재판에 의하지 아니하고 끝나거나 참가 또는 이에 대한 이의신청이 취하된 경우에는 법원은 당사자의 신청에 따라 결정으로 소송비용의 액수를 정하고, 이를 부담하도록 명해야 한다. ② 제1항의 경우에는 제98조 내지 제103조, 제110조제2항·제3항, 제111조 및 제112조의 규정을 준용한다.

었더니, 인제 와서 뒤통수를 치지 뭡니까?"

"무슨 말인지 대강 알 것 같습니다."

"뭔지 알아 맞춰보세요."

"명도확인서하고 인감증명서를 미리 내주셨죠?"

"그걸 어떻게 아세요?"

"뻔한 이야기입니다. 제가 이 판에서 22년째입니다. 별꼴, 별일 다 보고 살고 있습니다."

"아무리 그렇다고 사람이 뒷간 갈 때하고, 나올 때가 이렇게 다를 수가 있나요?"


## 거듭 부탁을 드리는 행간 의미를 읽어주시기 바란다

"여러 번 말씀드렸잖아요. 별소리를 해도 명도확인서 미리 줘서 배당금 찾게 하면 안 된다고….""

"배당금이 없으면 전세계약을 할 수 없다고 하도 사정하기에 미리 줬더니 아주 바보가 된 거 같아요."

"바보가 된 것 같은 게 아니고, 그냥 바보가 되신 겁니다. 들어주시면 나중에 당한다고 말씀드렸었잖아요!"

"그러게요. 그렇더라고요."

"전세계약금 없다고 아무리 죽는 소리 해도 딱 잡아떼셔야 했는데!"

"막 사정하고 부탁 심하게 하고 따지잖아요. 나한테!"

"세입자 입장에서는 거의 그 방법만이 낙찰자한테 집을 안 비워준 상태에서 명도확인서를 받아낼 좋은 구실이거든요."

"경매당한 집 비워주고 이사 가려고 전세계약할 보증금이 없다고 배당금을 먼저 찾게 도와달라고 말하면, 스스로 알아서 계약금 준비해서 다른 집에 계약하고, 명도확인서는 이사 당일에 이삿짐 차가 떠나는 것을 보면서 준다고 강하게 하셨어야 했습니다."

집을 비워주지 않고 배당금을 찾고자 임차인과 배당금 수령을 위해 필요한 관련된 서류 교부를 놓고 낙찰자와 임차인 사이에 자주 발생하는 광경이다. 다시 한번 그런 상황을 보자.

## 며칠 전으로 돌아가 보자

"선생님이 집에서 이사 나가지도 않는데 제가 뭘 믿고 명도확인서를 내줍니까?"

"사람을 어떻게 보고 그런 말을 하세요? 경매해서 돈 몇 푼 벌면 사람을 그렇게 함부로 의심해도 됩니까?"

"세입자를 의심하는 게 아니라, 비일비재한 일이라니까 그렇죠!"

"다른 사람은 몰라도 나는 그런 인간이 아니니 그러지 맙시다. 서류를 미리 좀 주세요!"

"그렇게는 못 합니다."

"우리가 당장에 돈도 한 푼이 없는데 어디에 가서 집을 구하라는 말입니까!"

"아니 그걸 왜 나한테 따지십니까? 그리고 막말로 나하고 계약하셨나요? 정 어려우면 전에 주인을 찾아가서 돈 내놓으라고 하세요."

"이 양반이 보자 보자 하니까 정말로 말씀을 막 하시네!"

"내가 너무 한 게 아니고, 선생이 경우에 없는 소리를 막 하고 있잖아요. 아무나 붙잡고 물어보세요. 누가 경우 없는 행동을 하는지."

"내가 무슨 경우에 없는 소리를 한다고 억지를 부리는지…."

"길거리 지나가는 사람 아무나라도 좋으니 붙잡고 한번 물어보시라니까."

"뭘 물어보라고 그럽니까!"

"집 안 비워줘서 명도확인서를 안 내주는 낙찰자가 나쁜 놈인지, 아닌지 지나가는 사람들에게 물어보세요!"

"너무 야박하게 그러지 마시게, 젊은 양반이!"

"젊고, 늙고가 이 마당에 무슨 상관이 있다고 그런 말을 하세요!"

"약속은 꼭 지킬 테니 그러지 마시고 서류 좀 주세요. 그 돈 없이는 어디 가서도 전세계약을 할 수가 없어요."

"그럴 수 없다니까요. 이삿짐 차가 떠날 때 확실히 드릴 테니 아무 염려 마시고 이사 날짜부터 잡으세요."

"이 양반 참 딱하네! 돈이 없는데 어떻게 다른 집을 계약하나요? 그러면 계약금이라도 좀 빌려주시든지."

"무슨 돈이 있다고 선생님한테 계약금을 빌려드리나요? 그런 돈 저는 없습니다."

"내가 각서라도 한 장 쓸 테니 배당금을 찾게 좀 도와주세요!"

"?!?!?!?!?!?!?!?!?!?!?!?!?!?"

"쓰라고 하면 각서라도 쓰겠다니까요!"

# 부당이득금 반환청구소송장

## 부당이득금 반환청구의 소

원    고  주 성 학
　　　　서울시 강서구 등촌동 112-2* 번지 학우멘션 ***호
　　　　전화번호 : 010- 5541- ****

피    고  이 준미(010-2279-****)
　　　　서울시 강남구 논현동 1915-1* 청아빌라 ***호

부당이득금반환 청구의 소

### 청 구 취 지

1. 피고는 원고에게 금 6,653,900원(청구금액의 세부내역은 별지와 같음) 및 이에 대한 2008. 3. 4.부터, 이 사건 소장 송달일 까지는 연 5%, 그 다음날부터 다 갚는 날 까지 연 20%의 비율에 의한 금원을 지급하라.

2. 소송비용은 피고의 부담으로 한다.

3. 위 제1항은 가집행할 수 있다.

　　라는 판결을 구합니다.

**서울 중앙지방법원 귀중**

이렇게 양보하면 안 되는데 조만간 후회하게 될 실수를 저지르고 있다.

"그러면 정말로 그때 가서 다른 소리 하기 없습니다."

"알았다니까!"

"나도 편의를 최대한 봐드렸으니까, 다른 말 하지 마시고 이사 약속일에 꼭 나가셔야 합니다!"

"두말하면 잔소리지!"

"그러면 믿고 서류를 내드립니다."

나중에 큰 도끼로 발등을 심하게 찍게 될 어리석은 결정을 하는 순간이다.


## 이사비용 준 거 돌려달라는 소송 제기

낙찰자가 보증금 떼이고 나가는 세입자를 이사 내보내면서 지불한 이사비와 밀린 관리비로 사용한 금액을 법원에 돌려받게 해달라고 제기한 소송이다.

"저를 상대로 무슨 재판을 거셨다고요?"

"선생님 때문에 제가 쓴 돈을 받게 해달라고 소송을 제기했습니다."

"사장님이 저 때문에 무슨 돈을 쓰셨다는 말이세요?"

"이사비 안 주면 이사 못 간다고 하면서 나한테서 받아간 돈 돌려달라는 말이죠."

"뭐라고요? 그러면 이사비용으로 준 돈을 이제 와서 다시 내놓으라는 재판을 시작하셨다는 말이세요?"

"잘 알아들으시네!"

"기가 막히네. 그런다고 돌려받을 수 있을 것 같으세요?"

"그거야 법원이 판단할 일이고, 나는 받아야 할 돈이라고 판단했습니다."

"무섭다, 무서워! 세상에 경매당해 쫓겨나는 세입자한테 이사비 좀 줬다고 그 돈 돌려달라고 소송이라니!"

"아무런 권리도 없이 억지나 부리고, 돈 안 주면 집에서 못 나간다는 사람이 더 무서운 것 같은데요."

"그런데 그때 저한테 이사비로 준 돈이 500만 원인데, 어째서 665만 원을 청구하나요?"

"밀린 관리비하고, 공과금을 제가 다 냈거든요. 여기 영수증을 다 가지고 있습니다."

"그러니까 관리비하고 공과금 낸 것까지 합해서 청구했다는 말씀이세요?"

"그래서 제가 저번에 전화로 말했잖아요. 이사비로 드렸던 500만 원만 돌려주면 관리비와 공과금은 제가 손해 본다고 할 때 맘대로 하라고 큰소리치셨잖아요!"

"어머나! 세상에 날강도도 이런 날강도가 따로 없네."

"말조심하세요. 누가 누구보고 날강도라고 하는지…. 나는 내가 손해 본 돈 달라고, 그것도 법원에다 부탁했을 뿐이라니까요."

"진짜로 욕 나오려고 하네요."

# 점유이전금지가처분 신청으로 발생한 비용 청구결정문

## 서울중앙지방법원
## 결        정

사        건   200 타기520* 집행비용액확정

신  청  인   주 성 학
　　　　　　서울시 강서구 등촌동 112-2* 번지 학우맨션 106호
　　　　　　전화번호 : 010- 5541- ****

피신청인   이 준미(010-2279-****)
　　　　　　서울시 강남구 논현동 1915-1* 청아빌라 402호

위 당사자 사이의 이 법원 200 가　　　　　　　점유이전금지가처분 집행에 대하여
피신청인이 신청인에게 상환하여야 할 집행비용은　　　　　　　　　　)원임을 확정한다.

## 이     유

주문기재의 위 사건에 관하여 신청인이 그 집행비용액의 확정을 구하여 온 바, 피신청인이
부담하여야 할 집행비용액은 별지 계산서와 같이　　　　원임이 인정되므로, 민사집행규칙
제　　　　를 적용하여 주문과 같이 결정한다.


200　 . 5. **.
사법보좌관 임 용 *

"욕을 하시든 밥을 하시든 두고 봅시다. 법원이 어떻게 판단하는지, 그때 가서는 법원에다 진짜 욕하겠네!"

"죽이든 살리든 당신 맘대로 한번 해보세요!"

"지금이라도 이사비 500만 원만 돌려주면 재판을 취소해드릴게요!"

"줄 돈 없습니다."

"지금은 큰소리치지만, 곧 후회하실 겁니다."

"나한테 공갈치시는 거예요?"

"공갈치는 게 아니고, 그렇다는 이야기입니다."


## '부당이득금 반환청구의 소'의 소송 제기

'점유이전금지가처분 신청'을 하면서 들어간 비용을 채무자에게 추후에 청구하는 소송이었다. 바로 앞의 '부당이득금 반환청구의 소'의 소송가액이 660여만 원인데 비해서, '점유이전금지가처분 신청'에 들어간 비용으로는 인지대와 우편요금, 집행관이 현장을 집행하면서 지불한 집행료 등을 포함해서 총 71만 원 정도였다.

"사장님, 법원에서 통지가 왔는데 사장님이 나를 상대로 또 무슨 재판을 거셨다고요?"

"'점유이전금지가처분 신청'할 때 들어간 비용과 집행관이 집행하면서 들어간 수수료를 돌려달라고 했습니다. 뭐가 잘못되었나요?"

"지금 보니까 사장님 진짜 나쁜 놈이고 무서운 사람이네!"

"남에게 필요 없는 돈 쓰게 한 사람이 더 무섭습니다. 내가 쓰지 않아도 될 곳에 돈을 썼으니 돌려달라고 하는 것이야 당연하죠."

"소송하는 것이 사장님의 취미이신가 봐요?"

"억지소리는 그만합시다. 피해를 제가 입었다는 것만 알고 계세요."

"우리는 수천만 원 떼이고 집 비워준 사람들입니다. 우리가 사장님네 한테 무슨 손해를 끼쳤다고 이런 억지소리를 듣는지 도무지 알다가도 모르겠네!"

"계속 이러시면 소송비용까지도 청구하겠습니다."

"하고 싶은 대로 한번 해보세요!"

낙찰자 입장에서는 화가 날 수 도 있지만, 이쯤에서 멈추는 것도 나쁘지 않다.


## 끝이 안 나는 입씨름이 평행선을 달린다

"사모님 때문에 안 써도 될 돈을 제가 썼잖아요. 그게 피해가 아니라면 뭐가 피해라는 말이세요?"

"내가 언제 사장님한테 '점유이전금지가처분 신청' 그런 거 하라고 하고, 집행관 동원해서 문 앞에다가 집행안내장 붙이라고 한 적 있나요? 사장님이 자기 편하자고 그렇게 해놓고서는 이제 와서 나한테 뒤집어 씌우면 안 되지!"

"말이 되는지 안 되는지 나는 모르고, 아무튼 그만 싸우겠습니다!"

"억지 그만 부리세요. 하늘이 내려다보고 있습니다."

"여러 말 마시라니까 참 필요 없는 말 많으시네. 나는 법에 있는 대로 하고 있을 뿐입니다.”

“그래서 이번에는 청구한 금액이 70만 원이라는 건가요?”

“정확하게 합시다. 71만 4,500원입니다.”

“이야! 무섭네, 그러니까 부자로 사나 보다!”

“내가 어떻게 살든 사모님께 피해 안 주면 상관하지 마세요.”

“이게 피해가 아니면 뭐가 피해란 말인가요, 재판에서 이길 것 같으세요?”

“그거야 법이 알아서 판단할 것이고, 나는 법이 판단해주면 그대로 따라만 갑니다.”

“그놈의 법법! 소리 좀 그만하지 마세요. 사람 나고 법 났지, 법 나고 사람 났나요?”

“어려운 이야기 쉽게 하지 마시고, 재판이나 잘 받으세요!”

“지금 보니까 진짜 무서운 사람이네!”

“순리대로 먼저 하지 않은 사람은 바로 사모님입니다. 자기를 죽이려는데 가만히 있을 사람 몇 명이나 있겠습니까?”

“누가 누구를 죽이려 한다고 그러세요!”

“잘 생각해보세요. 자기 입장만을 생각하면 답이 안 나옵니다. 말로 하다가 안 되면 법에다 호소하는 것이 민주국가, 법치국가 시민의 올바른 자세 아닌가요? 나는 억지를 부린 적이 없습니다.”

“그러면 내가 억지를 부리고 있다는 말이세요?”

“더 싸우지 맙시다. 나는 내 돈만 받으면 그만입니다!”

“나는 아저씨한테 줄 돈이 없으니 맘대로 해보세요.”

“맘대로 하는 것이 아니라, 법대로 하고 있다니까요!”

"어디 한번 좋을 대로 해보세요!"

끝이 안 나는 입씨름을 한다고 해도 결국 칼자루는 낙찰자가 쥐고 있다. 아무런 권리도 없이 제삼자에게 손해를 끼치는 임차인을 법원에 보호해줄 리 없다. 거기까지 가지 않는 것이 권리 없는 자가 해야 할 올바른 선택이다.

# 집행 당일 실제 집행에
# 소요된 비용도 청구 가능

다음의 실물은 집행관을 동원해 집행 당일 집행에 실제로 소요된 비용영수증이다. 이삿짐센터가 발행해준 간이영수증의 총액이 200만 원이다. 집행비용과 이삿짐센터를 이용하면서 소요된 비용 합계가 3,040,000원이다. 이 비용도 역시 나중에 소송을 제기하면 강제집행의 당사자에게 돌려받을 수는 있다. 즉, 명도당한 사람에게 받을 수 있다는 말이다.

## 비슷하면서도 내용은 다르다

"이건 또 무슨 영수증인가요?"

"찬찬히 한번 생각해보세요!"

# 집행 당일 실제로 사용된 비용 영수증

## 영 수 증

NO                                           홍길동 귀하

| 공급자 | 사 업 자 등 록 번 호 | 10*-000-12345 | | |
|---|---|---|---|---|
| | 상 호 | 세명용역 | 대표자 | 박길동 |
| | 사 업 장 소 재 지 | 서울시 광진구 구의동 102-11 | | |
| | 업 태 | 서비스 | 종 목 | 인력공급, 물품보관 중량물취급 |

| 작성년월일 | 공급대가총액 | 비 고 |
|---|---|---|
| 2011. 06. 21 | ₩2,000,000 | |

위 금액을 영수 함

| 월/일 | 품 목 | 수 량 | 단 가 | 공급대가(금액) |
|---|---|---|---|---|
| / | 보관비 | 2개월 | 600,000(*2) | 600,000 |
| / | 운 임 | | 300,000 | 300,000 |
| / | 인건비 | | | 500,000 |
| / | 박스*테이프 | | | 150,000 |
| / | 사다리차 | | | 450,000 |
| / | | | | |
| / | | | | |
| / | | | | |
| / | | | | |
| 합 계 | | | | |

위 금액을 정히 영수함

"저번 영수증하고 좀 헷갈리는 것 같아요. 비슷한 것 같기도 하고, 아닌 것 같기도 하고."

앞의 결정문은 강제집행을 신청하면서 법원에 미리 낸 집행비용의 청구이고, 지금의 이 영수증은 실제 현장에서 집행하고 난 후, 이삿짐을 내리면서 동원한 사다리차 비용, 들어낸 짐을 보관창고까지 싣고 갈 이삿짐 차, 들어낸 이삿짐을 차에 실었던 이삿짐센터 사람들, 그리고 집주인이 찾아갈 때까지 보관해야 할 컨테이너 창고의 사용료, 짐을 포장하는데 사용된 박스와 테이프값 등을 낙찰자가 지불했다는 것이다.

"이제야 알겠네. 그러니까 강제집행을 하려면 통상 두 번 비용을 지출해야 한다는 말씀이시네요. 법원에 집행 신청하면서 한 번, 그리고 실제로 집행하는 과정에서 집행관을 도와서 일한 사람들과 이삿짐센터 이용 비용, 들어낸 짐을 주인이 찾아갈 때까지 보관창고에 보관하면서 발생한 비용도 일단은 낙찰자가 내야 한다는 말씀이죠?"

"그렇지요!"

"나중에 이들 비용까지도 청구 대상이고, 소송 결과에 따라서는 받아낼 수 있다는 말이죠?"

"원칙적으로는 그렇습니다. 이런 상태가 되면 채무자 부담으로 결론 나는 것이 현실입니다."

"그것보다도 문제는 짐 주인이 끝까지 짐을 안 찾아가면 그때는 어떻게 하나요?"

"그런 경우에는 사실상 방법이 없게 되죠. 그런 경우 그 짐들을 동산 경매로 경매 처분해서, 그 비용으로 낙찰자가 부담한 비용의 일부로 충당하고 끝나는 것이 일반적입니다."

"한없이 언제까지 보관만 할 수는 없다는 말씀이네요?"

"그렇죠! 그러니 보통 2~3개월 정도를 보관하다가 안 찾아가면 법원에 처분을 요청하게 됩니다."

"듣다 보니까 궁금한 점이 하나 생겼어요."

"말씀해보세요!"

"짐 주인이 몰래 와서 가져가버리면 어떻게 해요?"

"그럴 수는 없어요!"

"왜요?"

"짐이 어디에 보관되어 있는지 어떻게 알겠어요? 설령 안다고 해도 보관영수증을 낙찰자가 가지고 있는데, 보관창고에서는 영수증 소지자에게 짐을 내주지, 자기가 주인이라고 우긴다고 짐을 내주나요?"

"그건 그렇겠네요!"

"사실 그 단계에 가서라도 주인이 짐을 찾아가는 것이 그래도 다행이죠?"

"그렇겠네요. 남의 살림살이 동산경매 해봐야 그거 몇 푼 되나. 집 주인은 그래도 손때가 묻은 자기 살림살이니까요."

"맞는 말씀이세요!"


## 이런 비용도 소송거리가 된단다

"그런데 이런 것까지도 집주인이나 명도당한 사람한테 청구할 수 있나요?"

"그럼요, 모르셨어요?"

"정말 몰랐어요!"

"조금 치사하다는 생각이 들 수도 있지만, 법적으로는 받아내는 데 하자가 없습니다."

"그런가요?"

"명도당한 사람들 때문에 쓰지 않아도 될 비용을 썼잖아요."

"그렇기는 하지만, 아무튼 처음 알았습니다."

"모르는 분들도 계시고 또는 그냥 무시하고 청구 안 하는 사람들도 있지만, 소송을 통해 법원에 청구하면 얼마든지 받아낼 수 있습니다!"

"명도대상자들이 이런 사실을 알면 그렇게 막무가내로 버티거나 이사비용을 요구하지는 못할 것 같다는 생각이 드네요."

"더 심한 것을 알려드릴까요?"

"이것 말고도 강제집행으로 명도당한 사람들에게 청구할 것이 또 있다는 말씀이세요?"

"그럼요!"

"그게 뭔데요?"

"강제집행비용 청구하는 데도 인지대와 송달료 납부해야 되잖아요."

"글쎄요, 안 해봐서 모르겠는데 들어간다고 가정해보죠."

"몇만 원 들어가는 그것도 청구 대상입니다."

"금액이 얼마나 안 되는데도?"

금액에 상관없다. 몇만 원이든 몇천 원이든, 일단 집행과 그 부대비용으로 들어간 경비도 모두 청구 대상이다.

# 이런 항목도 청구 대상이 된다

"심지어 강제집행 때문에 낙찰자가 지불한 교통비, 점심값, 일당도 청구 대상에 포함됩니다."

"이야, 참 대단하다. 설마 그런 것까지 신청하지는 않겠죠?"

"그거야 모르죠. 청구해서 받아내라는 이야기가 아니고, 막무가내로 우기고 버티는 사람들한테 압박 수단으로 활용하는 사람들도 있다는 말입니다."

"명도당하는 사람들을 압박하는 방법치고는 효과가 꽤 있겠네요. 생각지도 않게 자기 돈 날리게 생겼는데 막무가내로 우길 수 있는 사람이 얼마나 되겠어요?"

"법은 철저히 공정하다는 것만 이해하셔도 많은 부분에서 비용이 절감됩니다."

"그렇기는 합니다만, 무섭다는 생각까지 드네요."

"실제로 이런 방법을 구사할까 말까는 낙찰자 몫으로 남기기로 하더라도, 방법이 있다는 것 정도는 알아두시는 것도 나쁘지 않습니다."

"맞는 말이라고 봅니다."

"명도 과정에서 한번 낙찰자가 밀리기 시작하면 걷잡을 수 없는 상황이 쉽게 벌어질 수 있거든요!"

"맞아요. 명도 과정을 돈으로 해결하려거나 어쭙잖은 동정심은 문제를 복잡하게 만들어 오히려 위험한 것 같습니다."

"앞에서도 말씀드렸듯이, 이렇게 강제집행하면서 사용된 비용도 명도당한 사람들에게 나중에라도 청구할 수 있습니다."

"그러고 보니 청구 못 하는 게 없네!"

"그렇죠!"

"그런 줄도 모르고 막무가내로 버티면서 이사비나 받아내려는 사람들이 이제 와서 보니 조금은 애처롭게까지 보이네요."

"하여간 소송이나 강제집행까지 가지 않고 마무리되는 것이 좋은 방법이라고 생각합니다."

채무자나 보증인, 또는 임차인에게 준 이사비용이나 관리비는 물론이고, 점유이전금지가처분신청, 명도 과정, 강제집행 과정 등에서 지불한 비용도 소송을 통해 받아낼 수 있는 청구 대상이다. 그렇게 할까 말까는 여러분들의 판단 여하에 달려 있다.

## 권리 없는 분들에게 드리는 고언(苦言)

'명도'에 대해서 다른 조건을 가진 경우로 세분해서 설명하느라고 이야기가 길어졌다. 명도에 관해서 여러 가지 세세한 이야기를 했지만, 책 페이지 한계상 많은 부분을 압축할 수밖에 없었다. 명도 이야기를 끝내는 대목에서 낙찰자의 상대편에 있는 '채무자'나 '보증인', 그리고 '대항력 없는 후순위 임차인'과 '단순 점유자'들 중에서 혹시라도 이 책을 보시는 분들이 계시다면 참고하시면 좋을 내용이었다고 생각한다.

# PART 03

# 경매판의 도깨비, 유치권 함정에 빠졌을 때

## '유치권'이라는 함정을 만났을 때

이 장에서는 일단 '유치권'이라는 함정을 만났을 때 추가비용을 최소화하거나 추가 부담 없이 빠져나오는 방법을 살펴보도록 하자.

잘 아시는 것처럼 법원경매 투자에서 말도 많고 탈도 많은 것이 유치권이다. 구체적으로, 밀린 관리비로 유치권을 주장할 때, 미입주 상태일 때 밀린 관리비를 요구할 때, 인테리어 시공비로 유치권을 주장할 때, 아무런 근거 없이 유치권을 주장할 때, 허위유치권 신고했다가 전과자가 된 사례, 공사업자들이 공사비를 구실로 유치권을 주장할 때 등을 살펴보자.

경매 투자자가 법원경매에서 가장 골치 아픈 함정이자 넘어가기 힘든 태산 중 태산이 '유치권'과 '법정지상권'이 대표적이다. 이는 경매 초보자거나 경험이 많은 베테랑이거나 그리 차이가 없다.

경매 투자 난이도 1순위를 말할 때 '유치권'을 두 번째로 열거하면 유치권이 섭섭하다고 울고 갈 것이다. 그러나 누가 요리를 하느냐에 따라 같은 상황이라도 다른 결과를 가져오게 된다.

## 네 가지 요건 모두를 충족하면 성립하는 유치권

유치권의 성립요건은 크게 네 가지 모두를 충족하고 있어야 성립되는 것으로 본다.

① 채권이 점유하고 있는 당해 목적물(부동산이나 유가증권 등)로 인해 직접 발생할 것.

② 유치권 주장자가 목적물을 지속적이고 합법적으로 직접 또는 간접 점유하고 있어야 할 것.

③ 해당 채권이 변제기에 있어야 할 것.

④ 당사자 간의 유치권 발생을 배제하는 특약이 없어야 할 것이 그것이다.

## 형사처벌될 수 있는 허위유치권 신고

유치권 관련 연구 등을 보면 경 매질서를 문란하게 하는 제1원인이 바로 '허위유치권'이다. 진정한 권리자라면 보호하는 것이 마땅하지만, 허위유치권을 주장하는 자에게는 형사처벌을 포함한 강력한 처벌을 가하면 될 일이다.

허위로 유치권을 주장하거나, 사주하는 자에게는 '공무집행방해', '경매방해죄', '사기미수', '사기', '사문서위조 및 동행사죄', '업무방해죄', '재물손괴죄', '권리행사방해죄' 등의 죄목을 적극적으로 적용하는 것이다.

# 경매판의 허깨비,
# 유치권은 어떻게 생겼는가

## '유치권'이라는 함정을 만났을 때

경매 투자자가 경매에서 가장 골치 아픈 함정이자, 넘어가기 힘든 태산 중 태산이 '유치권'과 '법정지상권[3]'이다. 이는 경매 초보자거나 경험이 많은 베테랑이거나 그리 차이가 없다.

이 책에서는 일단 '유치권'이라는 함정을 만났을 때, 추가 비용을 최소화하거나 추가부담 없이 빠져나오는 방법을 살펴보도록 하자.

독자 여러분들도 이미 잘 아시는 것처럼 경매 투자에서 말도 많고 탈도 많은 것이 유치권이다. 경매 투자 난이도 1순위를 말할 때, '유치권'을 두 번째로 열거하면 유치권이 섭섭하다고 울고 갈 것이다.

이유는 '유치권' 성립 여부에 관한 판단이 다양하기 때문일 것이다. 그러나 누가 요리를 하느냐에 따라 같은 상황이라도 다른 결과를 가져

---

3) '법정지상권' 함정에 빠졌을 때 살아나오는 방법에 관한 설명은 다음 책에서 하기로 한다.

오게 된다. 유치권은 법정지상권과 마찬가지로 부동산 등기부등본상에 등재되는 권리가 아니다. 경매 기록에는 '유치권 성립 여지 있음' 정도로만 표시되는 것이 일반적이며, 유치권이 성립하면 낙찰자가 무조건 인수해야 한다. 인수해야 한다는 말은 낙찰대금과는 별도로 추가 비용이 발생한다는 말이다. 따라서 '무조건 인수'해야 한다는 말은, 무조건 추가 비용이 발생한다는 것이다. 초보 투자자들이 오해하고 있는 것과는 달리 유치권과 경매 사건과는 전혀 별개의 사건이다. 즉, 경매 사건은 경매 사건일 뿐이고, 유치권이 성립될지 안 될지에 관한 다툼은 별개의 민사소송을 통해서 성립 여부가 결정된다.

## 경매판에서 말도 많고 탈도 많은 유치권

필자는 부동산학 석사학위는 건국대학교 부동산대학원에서 학위를 취득했고, 박사학위는 강원도 춘천에 있는 국립 강원대학교 일반대학원에서 취득했다. 필자의 석·박사학위 논문 주제가 모두 '부동산 경매'였다. 그렇기에 대한민국 경매판의 실상을 조금은 안다고 자부하고 있다.

부동산학과 대학원 석·박사 과정 학위논문 중에서 논문 주제 제1위가 '유치권에 관한 연구'라는 통계를 본 적이 있다. 법학과 민사 부분 학위논문의 단골 주제 역시 유치권 관련 연구라고 한다. 그만큼 다양한 조명이 필요하다는 이야기일 것이다. 필자의 견해로도 연구에 연구를 거듭해도 온전한 결론이 나지 않는 분야가 법원 경매로, 소유권을 취득할 때 성립할 여지가 있는 유치권 분야가 아닌가 한다. 그래서인지 법원 경매 투자에서 말도 많고 탈도 많은 것이 유치권이라는 이야기가 일리 있게 들린다.

## '유치권'을 간단히 정의해보자

'유치권'은 다른 사람의 물건(동산) 수리나, 부동산에 관한 공사 등을 원인으로 받을 돈의 전액을 돌려받을 때까지 해당 물건(부동산은 점유)을 보관하고 있거나, 점유하거나 일정한 조건이 되면 임의로 처분해서 자신이 받아야 할 금액에 충당할 수 있는 권리를 말한다. 예를 들면, 건축업자의 신축공사대금 또는 주택의 일부를 개수·보수하고 받지 못한 공사비를 받을 때까지 해당 부동산을 점유하거나, 고장 난 시계를 수리했다가 일정 기간이 지난 후에도 주인이 찾아가지 않으면 수리의 대가로 그 시계를 처분해 수리비용에 충당할 수 있는 권리 등이 이에 속한다(민법 제320조 1항).

## 정의는 간단하지만, 실상은 다르다

설명은 이처럼 간단(?)하지만 필자의 생각으로는 부동산 경매에서 '유치권'은 마치 도깨비와 비슷하다. 도깨비라고 생각하는 데는 그럴 만한 이유가 있다. 실체는 있는데 형체는 나타나지 않기 때문이다. 경매를 당한 채무자가 흔하게 써먹는 가장 간단한(?) 수법이 해당 부동산

에 이런저런 잡동사니들을 끌어들여 '허위유치권'을 신고해 경매 물건
이 가치를 떨어뜨리는 것이다. 허위유치권을 만들어내던 생산업자들이
형사처벌을 받았던 관련 기사와 사례는 뒤에서 살펴보기로 한다. '유치
권'이라는 가짜 도깨비를 잘 잡으면 대박이 나지만, 허위유치권이라고
믿고 잘못 좇으면 한밤중 공동묘지에서 진짜 도깨비를 만날 수도 있다.
매각 물건에 딸린 '유치권'은 말 그대로 '양날의 칼'이 될 수 있다. 유치
권을 지렛대로 높은 수익을 올린 사람도 있지만, 망한 사람도 그에 못
지않게 많다는 말이다.

## 성립하는 유치권은 낙찰자가 추가 인수해야

경매 투자에서 '유치권'이 무서운 이유는, 유치권이 성립하는 경우,
낙찰자는 낙찰대금과 별도로 유치권자가 주장하는 채권(금액)을 추가로
인수해야 하기 때문이다. 유치권은 경매 배당에서 우선변제권은 인정
되지 않지만, 목적물의 경매 또는 강제집행이 진행돼 소유권에 변동이
생기더라도 새로운 소유자에게 유치권에 기한 채권을 변제받을 때까지
목적물의 인도나 명도를 거절할 수 있다는 점에서 사실상 우선변제권
이 있는 것으로 보는 것이 타당하다. 직접 점유뿐만 아니라 간접 점유
를 하는 경우에도 유치권이 성립하는 것으로 보며, 점유권을 상실할 때
는 유치권도 소멸한다(민법 제328조).

경매 투자자들은 일단 유치권이 신고된 경우에는 보수적으로 판단하
고 응찰해야 한다. 유치권자들의 청구 내역을 응찰 전에 파악할 수 있

다면 어느 정도 대책을 세울 수도 있다는 것이 전문가들의 한결같은 견해다.

유치권을 주장하는 권리자를 사전에 만나서 탐문해 어느 정도 파악할 수 있다면 그것도 방법의 하나일 것이다. 유치권 신고자가 주장하는 채권의 실체나 진위 여부, 그리고 해결 여부까지도 말이다.

## 네 가지 요건 모두를 충족하면 성립하는 유치권

유치권의 성립요건은 크게 네 가지 모두를 충족하고 있어야 성립되는 것으로 본다.

① 채권이 점유하고 있는 당해 목적물(부동산이나 유가증권 등)로 인해 직접 발생할 것.
② 유치권 주장자가 목적물을 지속적이고 합법적으로 직접 또는 간접 점유하고 있어야 할 것.
③ 해당 채권이 변제기에 있어야 할 것.
④ 당사자 간의 유치권 발생을 배제하는 특약이 없어야 할 것이 성립조건이다.

일반적으로 유치권은 우선변제권이 없어 배당에 참가하지는 못한다. 따라서 유치권이 성립된다면 낙찰자에게 인수되는 권리이고, 채권을 변제받기 위해 목적물을 경매 신청할 수 있으며, 목적물의 임대 또는 대여를 통해 발생하는 수익금을 가질 수 있고, 비용상환청구권을 가진다.

## 현재 경매 시장에서 유치권의 현주소

"경매 관계자 전체를 죽이는 암 덩어리도 이런 암 덩어리가 따로 없습니다!"

"경매 진행되는 물건에 어지간하면 '유치권 신고 안 된 물건'이 없을 정도라고 하던데요?"

"특히 상업용 부동산이 경매당하면 거의 100% 유치권 신고가 들어옵니다."

"무슨 해결책이 없을까요?"

채권자, 채무자, 낙찰자 등 경매 관련자 모두에게 막대한 피해가 발생하고 있지만, 관계당국이나 법원은 손을 놓고 있는 실정이다.

"유치권 신고 제도부터 싹 뜯어고쳐야 합니다!"

"유치권 신고를 우편 신청으로도 받아준다고 하던데 정말인가요?"

"누가 신청하는지, 어떤 권리로 신청하는지 얼굴도 보지 않고 제출자 신원도 확인하지 않고 우편으로 제출하는 엉터리 유치권 신고까지 접수되고 있는 것이 현실입니다."

"왜 그렇게까지 하나요?"

"말도 안 되는 일이 일어나고 있습니다."

"그러니까 왜 우편으로까지 받아주냐고 묻는 것입니다."

"규제철폐랍시고 그런 실정입니다."

"유치권은 신고되면 언제나 성립되나요?"

"단정적으로 말하기는 어렵습니다."

"성립하지 않을 수도 있다는 말 들어본 적 있습니다."

"유치권 신고와 성립 여부는 전혀 별개 사항입니다."

"별개 사항이라고요?"

"유치권이 신고되었다고 해서 성립하고, 신고하지 않았다고 성립하지 않는 것이 아니고, 유치권 성립 여부는 경매 사건과는 별개 소송 등을 통해 판가름이 납니다!"

"설명이 오락가락하는 것 같습니다."

"그렇게 들리셔도 어쩔 수 없습니다. 도깨비니까요!"

"경매 사건과는 직접 관련이 없는데도 경매 낙찰가격을 현저히 떨어뜨린다는 말씀인가요?"

"낙찰가격뿐만 아니라 유치권 신고된 물건은 경락잔금 융자 때도 나쁜 영향을 미칩니다!"

"그런 이야기 들어본 적 있습니다!"


## 유치권 성립은 법원에 신고 여부와 상관없다

거듭 설명하지만, 유치권을 주장하는 자가 법원에 권리신고를 했다고 해서 모두 인정되는 것은 아니며, 법원에 유치권 내역을 신고하지 않았다고 해서 성립하지 않는 권리가 아니다. 경매 소송과는 별도의 또 다른 민사소송(=유치권성립에 관한 소송)을 통해서 유치권 성립 여부가 결정된다. 따라서 법원 부동산 경매 사건과 유치권 성립 여부는 별개의 민사소송 사건이다. 따라서 소유권 취득 후, 유치권을 주장하는 권리자와 협상 또는 소송 등을 통해서 인수금액이 정해지게 된다.

그러나 더 심각하게 낙찰자를 궁지로 몰아넣는 것은 신고된 유치권보다 신고조차 되지 않은 유치권이다. 낙찰 후에 뜬금없이 유치권을 주장하고 나서는 경우가 비일비재하다는 점이다. 현재 유치권은 법원에 신고하지 않아도 진정성이 확보되면 성립하는 권리이다.

즉, 낙찰자 입장에서는 비 오는 한밤중 공동묘지에서 도깨비와 싸우는 꼴을 당할 수도 있다. 현장 조사나 낙찰 전에는 없었던 유치권자가 낙찰 후 또는 소유권 취득 후에 나타나는 경우가 그것이다. 진위 여부와 상관없이 말이다. 허위유치권이 발생할 가능성이 농후해지는 대목이지만, 단정적으로만 판단해서도 안 된다.

주장하는 유치권의 실체도 의심스러운 경우가 많지만, 유치권자가 주장하는 채권 금액 역시 신뢰할 수 없는 경우가 허다하다. 따라서 관련법인 민법과 민사집행법 등을 개정해야 할 분명한 필요가 있다고 본다. 법 개정의 필요성이나 성립요건의 엄격성, 성립요건의 제한성 등에 문제 인식의 공감대가 형성되고는 있지만, 여러 이유로 인해서 개정의 결실을 보지 못하고 있다. 그러나 관련법이 개정되지 않고 있다고 해서 문제 해결방법이 없는 것이 아니다.

## 형사처벌될 수 있는 허위유치권 신고

유치권 관련 연구 등을 보면 경매 질서를 문란하게 하는 제1원인이 바로 '허위유치권'이다. 진정한 권리자라면 보호하는 것이 마땅하지만, 허위유치권을 주장하는 자에게는 형사처벌을 포함한 강력한 처벌을 가

하면 될 일이다.

허위로 유치권을 주장하거나, 사주하는 자에게는

- 공무집행방해,

- 경매방해,

- 사기미수,

- 사기,

- 사문서위조 및 동행사죄,

- 업무방해죄,

- 재물손괴죄,

- 권리행사 방해죄,

등의 죄목을 적극적으로 적용하는 것이다.

이와 같은 현행법만으로도 허위유치권자에 대해서 얼마든지 죄를 물을 수 있지만[4][5], 이 조항들은 거의 사문화되어 있는 것이 현실이다. 특단의 조치를 통해서라도 경매 질서를 어지럽히는 허위유치권자가 더이상 활동하지 못하도록 해야 한다.

그러나 최근에는 법원도 '허위유치권'을 주장하는 자는 적극적으로 처벌하려는 경향을 보이고 있다.

---

4) 대법원 2009.9.24. 선고 2009도5900 판결, 대법원 2008.2.1. 선고 2007도 6062호
5) 〈참고조문〉
   ▶ 형법 제315조 (경매, 입찰의 방해) : 위계 또는 위력 기타 방법으로 경매 또는 입찰의 공정을 해한 자는 2년 이하의 징역 또는 700만 원 이하의 벌금에 처한다.
   ▶ 형법 제314조 (업무방해) : ①제313조의 방법 또는 위력으로써 사람의 업무를 방해한 자는 5년 이하의 징역 또는 1,500만 원 이하의 벌금에 처한다.

## 권리신고 하지 않은 유치권 인정하지 말아야

또한, 법원에 신고하지 않은 유치권자의 주장은 받아들이지 않아야하고, 인정하지 말아야 한다고 생각한다. 진정한 채권이라면 신고하지 않을 이유가 없기 때문이다. 허위유치권자들의 종횡무진 활발한 활동으로 인해 채권자, 낙찰자, 법원 등이 막대한 피해를 보고 있으며, 사회적·국가적으로도 막대한 손실이 발생하고 있다는 것이 연구의 결과다.

낙찰 후라면 일단 대화를 통해 해결을 시도하고, 합의되지 않으면 별도의 소송을 통해서 해결하게 된다. 원칙은 대강 그렇다는 이야기이지만, 현실은 그리 아름답지만은 않다. 법은 멀고 주먹은 가까웠던 유치권에 관한 해결방법이나 사례들을 보여드리겠다.

## 02

# 관리회사가 관리비 못 받았다고
# 유치권을 주장할 때

## 밀린 관리비로 유치권을 주장할 때

경매나 공매로 낙찰받은 아파트나 집합건물에 대해서 관리실이나 관리회사가 밀린 관리비를 원인으로 유치권을 주장하는 경우가 흔하다.

주거용 부동산의 경우에는 소유자를 포함해서 이전에 살던 사람이 체납한 경우이거나, 사람이 상가 등에서 발생하는 체납관리비인 경우에는 미분양 등으로 공실일 때와 영업부진 등으로 장기간 공실로 인해 발생한 체납관리비거나 임차인 등의 영업 부진으로 관리비를 납부하지 못해 발생하는 경우로 나누어볼 수 있다. 사안별로 해결방법이 다르다. 구분해서 대응하면 된다.

주거용 부동산(주로 아파트 등)을 낙찰받은 경우, 전에 살던 사람이 체납한 관리비를 관리실이 낙찰자에게 대납해줄 것을 요구하는 경우다. 관리단 회장이나 입주자 대표 등과 담판해야 할 때를 대비해서 필요한 자료와 상황을 미리 확보해야 한다.

"공용 부분의 1/2만 받으시죠!"

"판례로는 공용 부분 발생분 체납관리비를 다 받는 걸로 알고 있는데요?"

"판례는 판례고 현실은 현실 아닙니까!"

"저희도 입장이 곤란합니다."

"그리고 아닌 말로 이제는 나도 이 아파트 입주민이고, 구분소유자다, 이 말입니다!"

"무슨 말씀을 그렇게 하세요?"

"입주민 대표자시면 구분소유자의 전폭적인 협조가 있어야 하지 않겠습니까, 앞으로!"

"그게 무슨 상관이세요?"

"그동안 관리업무는 소홀히 하고는, 이제 와서 낙찰받은 사람에게 속 편하게 받아내자, 이러시면 곤란하죠!"

"무슨 말씀을 그렇게 함부로 하시나요? 말씀이 지나치시네!"

"내가 말을 지나치게 하는 것이 아니라, 관리비를 6개월씩이나 밀리는 동안 관리실에서는 도대체 뭐하셨느냐고 물어보는 겁니다."

"뭐하기는, 열심히 관리했지요!"

"아무튼, 내가 소유권을 취득한 이후에 발생하는 관리비 말고는 낼 수가 없습니다."

"그러면 소송이라도 해야 하는데요!"

"소송하시든 재판하시든 맘대로 하세요, 나도 대응을 할 테니."

"그러면 1/2만 납부하시면 어떨까요? 판례도 그렇게 되어 있고."

"그 판례하고 우리 경우와는 다릅니다. 어떻게 다른지는 알아보세요."

"다 알아보았습니다, 이미!"

"아무튼, 나는 아까 말한 대로 하겠습니다."

"그러면 이사 들어오실 때 문제가 생길수도 있는데요!"

"이사를 방해하시면 재산권 침해로 형사 고소감입니다. 한번 해보세요, 알고나 말씀하세요."

"그러지 마시고 협조를 좀 해주시면 안 될까요?"

"그걸 왜 저한테 부탁하시나요? 오히려 저를 못살게 하지나 말아주세요."


## 미입주 상태일 때 밀린 관리비를 요구할 때

주상복합건물의 경우, 준공 후 장기 미입주 상태에서 경매로 낙찰받은 경우에 관리비가 문제가 된다. 특히 지방의 대단지 아파트가 장기간 미분양, 미입주 상태에서 발생하는 공용 부분에 관한 체납관리비가 문제가 되는 경우가 흔하다. 이 경우에는 '전유 부분-공유 부분'을 구분하지 않고 관리회사 등은 공실기간 동안에 발생한 전체 관리비를 낙찰자에게 대신 납부할 것을 요구하는 경우가 일반적이다. 이런 경우에는 염려할 필요가 없다. 관리소장 등으로부터 방해가 발생하면, 경찰에게 연락해서 출동한 상태에서 문 따고 들어가면 그만이다. 공실로 열쇠를 안 넘겨주거나, 전자키의 비밀번호를 알려주지 않으면 열쇠공 아저씨를 불러서 기존의 시건 장치(현관 열쇠) 파손하고 새로 교체하는 것으로 끝이다. 내 집 열쇠나 전자키를 내가 바꾸는데 뭐라고 할 사람 아무도 없다. 출동한 경찰도 민망해서 천장만 쳐다볼 수밖에 없다. 극단적으로 말하면 열쇠나 전자키를 교체하는 데 필요한 비용까지도 오히려 모두 받아낼 수 있다.

"누가 112에 신고하셨나요?"

"제가 했는데요."

"이 아파트하고 무슨 관계세요?"

"제가 낙찰받은 사람이고 잔금납부해서 이젠 저의 집입니다."

"이쪽은 누구세요?"

"저는 이 아파트 관리소장인데요."

"그런데 112에는 왜 전화하셨나요?"

"관리소장이나 다른 누가 우리 집 열쇠를 내가 교체하는 데 방해해서, 혹시라도 물리적으로 충돌이라도 일어날까 봐 미리 전화 드렸습니다."

"소장님이라고 그러셨죠?"

"네!"

"지금 이분 말씀이 맞나요?"

"맞기는 한데, 멀쩡한 전자키 번호를 알려주지 않는다고 이렇게 때려 부수면 어떻게 합니까, 경찰이 나서서 막아주셔야 하는 것 아닌가요?"

"아파트 소장이 그렇게 말하면 되나! 자기 물건을 교체한다는데 경찰이 뭘 근거로 개입하나요? 소장님은 소장님 집 현관 열쇠 교체할 때 경찰에 신고해본 적 있으세요?"

"!?!?!?!?!?!?!?!?!?!?!?!?!?!?"

"우리가 이런 일에 개입할 아무런 법적 근거가 없습니다."

"소장님, 자~아~알 들으셨죠?"

"대신 선생님도 민원 들어오지 않게 조용히 처리해주세요, 아셨죠?"

"네! 여부가 있겠습니까!"

"그렇게 알고 돌아가 보겠습니다."

"수고하세요."

"열쇠 사장님, 좀 튼튼한 것으로 교체해주세요."

"알았습니다."

"시간 많이 걸리나요?"

"아니요, 금방 끝납니다."

만약 관리실이 밀린 관리비를 이유로 '단전·단수 조치' 하면 형사 고소하면 된다. 업무방해, 재산권 침해 등으로 말이다. 내용을 조금이라도 아는 관리실에서는 입주민의 전용(유) 부분에 대해서는 일방적으로 단전·단수하지 못한다. 다음 사례는 실제 있었던 사례다.


## 단전·단수된 아파트에서 전기·수도 다시 공급받기

"아무리 그렇다고 아파트에서 비상 발전기를 돌리면 시끄러워서 다른 사람들이 어떻게 삽니까!"

"나도 입주민입니다. 밥 해 먹고, 티비 보고, 컴퓨터 켜고 하려면 전기가 있어야 할 것 아닙니까?"

경매 받아 입주한 집에 밀린 관리비를 이유로 관리실이 전기와 수도 공급을 중단하자, 낙찰자가 회사에서 쓰던 비상 발전기 한 대를 가지고 와서 아파트 베란다에 설치하고는 요란하게 가동 중이다. 해당 아파트 동 전체가 난리가 났을 것은 물어보나 마나다. 비상 발전기를 가동한 지 15분 만에 전기가 공급되더란다.

다음은 단수 문제였다. 낙찰자가 1층 공용수도 꼭지에다가 긴 호수를 연결해서 4층 아파트로 물을 공급하고 있다. 누구도 말릴 수 있는 상황이 되지 못한다. 같은 아파트 입주민이라고 한들 말릴 재간이 있을 것인가, 부녀회라고 한들 말릴 것인가, 그렇다고 이런 일로 경찰을 출동시킬 것인가, 결국 수돗물 공급을 재개하지 않을 방법이 없다. 낙찰자 말로는 일부러 필요 이상으로 진상짓을 떨었다고 했다. 이사 가고 다음 날부터 그 아파트의 유명인사가 된 것은 물론이고, 누구 하나 시비하는 사람이 없더란다.


## 이번에는 수도였다

"그런다고 수도를 거기서 끌어다 쓰면 어떻게 합니까!"

"누구신데 남의 일에 그리 참견이세요!"

"아니 그냥 그렇다는 이야기입니다."

"오죽 답답하면 이런 짓을 하고 있겠습니까!"

"하기는 그러시겠네!"

"양해 좀 해주세요, 곧 마무리되겠죠."

"알겠습니다."

"지금 내가 쓰고 있는 이 수돗물 값에 대해서만큼은 내가 다 지불할 테니 남의 일에 참견하지 마시고 가던 길 가시고, 하던 일 하세요."

그러고는 조금 있다가 바로 관리소장이 얼굴이 사색이 되어서 왔다.

"소장님하고 시끄럽게 다툴 생각 없으니 그냥 돌아가세요!"

"입주민들로부터 항의가 들어와서요."

"나도 어제부터 입주민입니다."

"제발 부탁 좀 드립니다."

"그러면 여기 내려와서 밥해 먹고, 여기다 텐트 치고 대소변 보고 그러라는 말이세요? 물어봐주세요. 그래도 된다고 하면 얼마든지 그럴 테니까. 그리고 누가 항의했는지 몰라도 힘없는 소장한테 항의하지 말고 직접 와서 말씀들 하시라고 그러세요. 입주민들이 원하면 내가 얼마든지 그렇게 해드릴 테니, 원하는 대로 상대해준다고."

"그런 것이 아니라, 다른 입주민들이 계속해서 항의해서 제가 괴로워서요."

"괴롭기는 마찬가지고, 또 소장님 괴롭히려고 이러는 것 아닙니다!"

"제발 좀 도와주세요!"

"소장님이 오히려 나를 제발 좀 도와주세요. 집에 수돗물 안 나오는데 좋은 방법 있으면 말해주세요!"

"물만 연결하면 다 되나요?"

"물 나오는데 내가 미쳤다고 이 짓 하나요? 알아서 하세요, 물 나올 때까지 이렇게 할 수밖에 없잖아요!"

물이 공급되지 않을 무슨 방법이 있겠는가.

# 단전한 관리실 소장을 형사고소

"○○아파트 관리소 소장이시죠?"

"네, 그런데요. 어디시죠?"

"내일까지 경찰서로 나오셔서 피고소인 조사받으셔야 합니다!"

"뭐라고요? 누구한테 제가 고소당했다고요?"

"아파트 402호 관리비 건으로 단전·단수하셨지요?"

"그건 제가 결정한 것이 아니고 그렇게 하라고 해서 단전 조치했습니다."

"그러면 누구의 지시받고 그렇게 하셨다는 말이세요?"

"그렇죠!"

"누가 그런 지시를 했나요?"

"관리자 대표 회의에서 결정된 사항입니다!"

"그러니까 그런 내용을 오셔서 말하시면 됩니다. 상세한 이야기는 조사받으면서 하세요."

"알겠습니다!"

단수, 단전에 대한 언급은 여기서는 이 정도로 끝내고, 체납된 관리비에 대한 설명은 뒤에서 다시 본격적으로 하겠다.

# 03

# 경매 물건의 단골손님,
# 사우나 등에서 주장되는 유치권

## 가장 흔하게 목격되는 장면들

현재 상업시설 경매 물건에서 가장 흔하게 목격되는 유치권 신고 유형이다. 일단 이런 경우에는 기본적으로 유치권이 성립할 여지는 별로 없다. 유치권 성립은 고사하고 오히려 원상복구의 대상이다.

"죽어도 못 나갑니다!"

"그런 이야기는 망한 주인한테나 하세요!"

"여기 시설에 투자한 돈이 5,000만 원을 넘습니다."

"그걸 나한테 말할 상황이 아닌 것 같은데."

"유치권 있다고 신고했고, 장사하고 있으니 리모델링비와 권리금과 보증금을 다 주기 전에는 절대 못 나갑니다!"

"그것도 법원에다가 말씀하세요!"

"법원이고 자시고, 나는 그런 거 모르고, 내 돈 누가 주든, 다 줄 때까지는 죽어도 못 나갑니다!"

"법원에다가 유치권 신고 하셨던데?"

"나만 한 것도 아니고, 나만 못 나가는 것도 아니고, 여기 있는 사람들 다 못 나갑니다. 우리 요구 들어주지 않으면 우리는 목숨 걸고 싸울 수밖에 없습니다!"

"정 그러시면, 나도 법대로 하겠습니다. 나중에 집행비용까지 물어내지 마시고 잘 판단들 하세요."

"무슨 집행비용을 우리가 왜 물어요?"

"법에는 그렇게 되어 있습니다. 잘들 알아보고 행동들 하세요. 나중에 후회들 하지 마시고!"

"돈 한 푼 못 받고 쫓겨나게 생긴 사람들한테 뭐가 어쩌고 어째!"

"여러 말 마시고, 수고들 하세요. 법원에서 곧 연락이 갈 겁니다."

"망한 사람을 한 번 더 죽이려고 하시네!"

"그런 거 없습니다."

도시지역의 사우나시설이나 찜질방 등이 경매로 나왔을 때 유치권이 문제가 되는 경우에는 그 건물을 직접 건축한 건축업자가 공사비를 못 받은 경우에만 해당한다. 건물 준공 후 목욕시설로 개조하기 위한 내부 공사나 보일러 설치 비용, 기타 공사와 사우나 운영을 위해 보증금과 권리금을 주고 시설 일부를 임차해 개인 영업을 하는 사람들이 주장하는 유치권은 성립하지 않는다. 그러나 문제는 명도 과정이 시끄럽다는 것이다. 어느 정도 서로 양보해 해결하는 것도 방법 중 하나지만, 합리적인 이성을 가졌다는 사람들이 하는 일인데도 합의보다는 법으로 충돌하게 되는 경우가 흔하다.

## 인테리어 시공비를 주장하는 유치권

치킨집, 맥주 체인점, 피자집 등 체인점 등 소상공인이 자영업자들의 영업장으로 사용되던 가게 등이 경매로 낙찰되는 경우에 기존의 업자가 인테리어 공사로 지불했던 비용을 유치권으로 주장하는 경우가 흔하다. 이 경우, 유치권이 성립할 여지는 거의 없다. 앞의 경우와 마찬가지로 오히려 원상복구명령 대상이다.

"유치권이라고 주장하는 내용이 뭡니까?"

"체인점 가맹하고 나서 본사 기준에 맞게 인테리어 공사를 한 금액이 1억 원이 넘습니다. 영수증도 다 가지고 있고."

"그래서 지금 나한테 그 금액을 내놓으라는 이야기세요?"

"내놓으라는 것이 아니고, 받을 권리가 있다고 신고했을 뿐입니다."

"여러 소리 마시고 인테리어 공사 전으로 원상회복해놓으세요."

"낙찰자가 무슨 권리로 그런 말을 하시나!"

"내 건물이니 원래대로 해놓으라고 요구하는 겁니다. 모르시나 본데, 법에도 그렇게 되어 있어요."

"무슨 놈의 법이 그따위로 되어 있는지 나는 모르지만, 유치권이 있다고 들었으니 나는 그렇게 압니다."

"유치권인지, 유치원인지는 내가 알 바 아니고 원상회복해달라고 대화로 요청할 때 들어주시는 것이 현명하다고 봅니다."

"우리는 집행관한테 맞아 죽나, 쫓겨나 길거리에서 얼어 죽나, 죽기는 어차피 매한가지니까, 죽이든 살리든 맘대로 해보세요!"

"여러 소리를 하기 싫습니다. 나중에 봅시다."

# '필요비'와 '유익비'를 철저하게 가려내라

"상가건물 경매 시 시설비는 유치권 성립 범위에 포함 안 되나요?"

"그런 건 아닙니다."

"유치권으로 인정되는 인테리어 공사비도 있다는 말이세요?"

"그게 사실은 굉장히 애매합니다. 속된 말로 코에 걸면 코걸이, 귀에 걸면 귀걸이가 되는 식이죠."

"그런 말이 어디 있어요?"

"인테리어 공사비 부분에 대해서는 애매한 부분이 많아서 그렇게 말할 수밖에 없습니다."

"그러면 어떤 공사비가 인정되나요?"

"그 대목도 사실은 상당히 애매한 부분이 있습니다."

"무슨 말씀이세요?"

판례와는 다르게 실상에서는 어디까지를 '필요비'로 볼지 애매한 경우가 상당하다. 공사비 중에서 필요비, 유익비에 대한 판단 역시 다양하다. 하여튼 점포 등을 새로 얻은 세입자가 자신의 영업 편의를 위해서 지출한 공사비는 '유익비'에 포함된다고 보면 틀림없다. 유익비는 유치권 성립 범위에 포함되지 않는다.

"유익비는 낙찰자가 인수하지 않아도 되고, 필요비만 인수하면 된다는 말 같은데, 맞나요?"

"큰 틀에서 보면 틀린 이야기는 아닌데, 각론으로 들어가 보면 또 내용이 달라져요. 무슨 말인가 하니, 쉽게 판단할 일은 아니라는 거죠."

"판례는 어떤가요?"

거듭 말씀드리지만, 대법원 판례는 말씀대로 '필요비 인수, 유익비 인수 아님'으로 되어 있지만, 개별 물건마다 조건들이 제각각 달라서, 대법원 판례를 액면 그대로 적용하기에는 불가능하고, 건건이 구분해서 판단해야 한다.


## 유치권제도를 악용하는 범죄자들

"다음 페이지 사진은 수도권에 있는 근린시설(오피스텔)이 경매로 나오자 누군가가 경매를 방해할 목적으로 스프레이 질을 해놓은 사진입니다."

"누군가라는 말의 뉘앙스가 이상하게 들립니다."

"사실입니다."

"직접 관계가 없는 제삼자가 하기라도 했다는 말씀처럼 들립니다."

"진짜 유치권자라면 아까워서라도 이런 짓 하지 않습니다."

"그러면 아무런 관련도 없는 사람들이 이런 짓을 해서 더 유찰시키려는 목적에 하기라도 했다는 말씀이세요?"

"충분히 가능한 이야기입니다!"

어떤 경매 물건에 '입찰하면 눈깔 뽑는다'라는 귀여운 수준의 문구를 누군가의 경매 물건에 누군가가 휘갈겨놓은 추사체 명필이다. 이런 상황을 접하면 독자 여러분들은 어떤 생각이 드시는 궁금하지만, 필자도 2013년 서울시 광진구에 있는 사무실을 낙찰받았다가 비슷한 경험을 한 적이 있다.

## 누가 이런 짓을 했을까요

# 지금도 등짝이 오싹해지는 2013년 명도 이야기

경매 전선에서 살아온 20여 년 동안 여러 유형의 명도를 경험해봤다. 지금 소개하는 사례는 2013년 낙찰받아 명도 작업을 진행했던 뒷이야기다. 이 낙찰 건은 처음부터 끝까지 필자의 선택과 결정으로 투자와 명도가 진행되었다.

낙찰받아 필자의 사무실 겸 집필 공간, 그리고 우리 동호회 '경매-NPL 강의장'으로 사용하려고 낙찰받았던 서울 광진구 구의동 사무실 명도 사례다[6].

죽을 때까지 잊을 수 없을 것이고, 두 번 다시 경험하고 싶지 않을 만큼 치열한 명도전쟁을 치렀다. 투자 가치가 충분하다고 판단하고 가본 첫 임장에서 받은 느낌은 지금까지 해왔던 명도와는 차원이 다를 것이라는 생각이 들었다. 내용을 읽어보시면 무슨 말씀을 드리려고 하는지 느끼게 되실 것이다.

서울 지하철 2호선 강변역 인근에 있는 주상복합 31층 건물 중 2층 사무실을 '북파공작 **동지회'가 무단으로 점거하고는 돈 많고(?) 순진한 낙찰자 양반들이 낙찰받고 연락해오기를 기다리고 있었다. 먹음직한 고깃덩어리를 통째로 미끼로 매단 채 함정을 파고 기다리는 노련한 사냥꾼처럼 말이다.

그러나 어쩌랴. 필자는 명도 명목으로 이사비용을 내줄 의향도 없었고, 또 순진(?)하지도 않았다. 그래서 결국 낙찰 후, 총성 없는 명도전쟁이 벌어졌다. 명도전쟁에서 공격은 당연히 필자고, 방어는 진짜 총을

---

6) 원 사건 번호는 서울동부지방법원 2012-307, 2014-314이다.

많이 쐈봤을 것 같은 동지회다. 명도 현장으로 가 보자.


## 앉자마자 '북파공작원 회장님'의 반공갈 시작

낙찰받아 잔금납부하고 명도 때문에 만나기로 약속한 날에 찾아간 필자를 향해

"우형달 씨! 내가 당신을 좀 압니다."

자리에 앉기도 전에 회장님이라는 사람의 선제공격이 날아들었다. 명의자는 필자가 아니고 집사람 명의였다. 일주일 전 명도 첫날 상견례에서 명함을 주고받은 적이 전혀 없었던 터라 내심 상당히 당황했다. 낙찰받은 실 평수 75평 2층 사무실을 무단 점거하고 있던 '북파 공작원 **동지회' 회장님이 필자의 이름을 거명하면서, 상당한 액수를 이사비 명목으로 요구했다.

"회장님은 남의 뒤나 캐고 다니시나 봐요?"

"경매 투자한다고 설치지 마시고 조심하라고 인사나 점잖게 건네는 겁니다."

"그런 이야기 그만하시고 언제 이사 갈지나 말씀해주세요. 피차 시끄러워서 좋을 일 없다는 것은 회장님도 잘 아시잖아요?"

"받을 돈 다 받을 때까지는 나가고 싶어도 못 나간다는 거 잘 아시죠?"

"그런 이야기 우리한테 해도 소용없다는 것 잘 아시잖아요. 자존심 센 분들이 염치없는 이야기 그만하시고, 대강 조용히 마무리합시다. 다

끝난 일입니다."

"당신이야 끝났을지 몰라도, 우리는 받을 돈 하나도 못 받았다는 것만 명심해주쇼!"

그렇게 험하게 헤어졌다. 필자는 당시 15년 경매 경력에 지금까지 한 번도 해보지 않았던 '강제집행'을 이번 건에서는 할 수밖에 없겠다고 결심했다. 그러고는 다음 날 집행관에 의한 '강제집행'을 위해 관련 서류를 서울동부지방법원 민사신청과에 접수시켰다. 강제집행 서류 접수하자 다음 날 바로 회장님으로부터 전화가 왔다.

## 전술을 바꾼 '북파공작원 회장님'

"우 사장님! 강제집행 하시겠다고 서류 접수시키셨더라고요?"

자기들도 나름대로 정보망을 가지고 있다는 것을 과시하는 듯했고, 낙찰자를 가지고 장난치며 상대를 위축시키려는 낮은 수가 한눈에 보였다. 그런 정도에 기가 죽을 필자가 아니다.

"누가 무슨 사장이라는 말씀인지 통 모르겠습니다."

"그러지 마시고 한 번 조용히 만나 대화로 마무리합시다."

"만나는 거야 어렵지 않습니다. 시간하고 장소를 말씀해보세요?"

"'언제', '어디서' 단 둘이 만납시다."

"'언제'는 좋은데, 장소는 외부 말고 사무실로 제가 가겠습니다."

"우 사장님, 말귀 참 못 알아들으시네. 사무실 말고 '어디서' 조용히 둘이서만 좀 보자니까?"

정면으로 치고 들어갔다.

"그러지 마시고 사무실에서 보시죠, 제가 '언제'까지 사무실로 가겠습니다."

일방적으로 전화를 끊었다. 그리고 약속한 '언제' 사무실로 갔다.

"먼저 전화하신 이유가 듣고 싶어서 왔습니다."

"우 사장님, 이 사무실 조금만 붙여서 우리한테 팔면 어떨까요?"

"그럴 일 없습니다. 아무리 많이 준다고 해도 팔지 않습니다."

"그러지 마시고 서울시로부터 우리 동지회로 곧 보조금이 나오게 되어 있으니, 일단 계약금만 받고, 중도금하고 잔금은 그때 받기로 하고 계약서 씁시다."

한마디로 거절했다.

독자 여러분들 중에 이런 경우 '혹시나!' 하고, 계약서 작성에 응하시면 명도는 완전히 엉망진창이 되고 만다. 계약금 몇 푼에 목줄이 걸리면 끝이다. 낚싯바늘에 건 고깃덩어리를 통째로 삼킨 개처럼 꼼짝없이 끌려가게 된다. 몇 년을 걸려도 명도는 물 건너간다. 명심하시기 바란다.

"장난 그만하시고 이사 날짜나 말씀해주세요. 아니면 '법대로' 진행해서 대한민국이 '법치국가(法治國家)'라는 평범한 사실을 확인시켜드리겠습니다."

그 말이 끝나기 무섭게 또 한 번의 핵 공갈 펀치가 날아들었다. 목소리가 두 옥타브는 올라갔다.

## 당신 사람 죽여봤어? 난 죽여봤어!

"당신 배 타봤어?"

"뜬금없이 무슨 배를 타나요?"

"밤 보트 타봤냐고?"

"무슨 밤 보트를 타나요?"

"당신, 북한 가봤어?"

"내가 무슨 수로 북한을 가보겠어요?"

"나는 밤 보트 타고 두 번 갔다가 안 죽고 살아온 사람이야!"

"대단하시네요."

"이봐, 당신 사람 죽여본 적 있어?"

"?!?!?!?!?!?!?!?!?!?!?!?!?!?!?!?!?!?!?!?!?!?!?!?!?!?"

"난 죽여봤어!"

"?!?!?!?!?!?!?!?!?!?!?!?!?!?!?!?!?!?!?!?!?!?!?!?!?!?"

그 순간, 당황하고 떨었냐고 묻고 싶은 분들께 드리는 대답이다. 뻔한 공감인 줄 알면서도 솔직히 그 순간에는 떨렸다. 결심을 완전히 굳혔다. 이번에는 타협 없는 '법대로' 명도를 밀고 나가기로. 아무 미련 없이 자리를 박차고 일어섰다. 그리고 며칠 뒤 다시 연락이 왔다. 보자고.


## 받을 돈 6,000만 원을 대신 달란다

"돈만 받으면 나간다니까!"

다시 만난 회장님의 말씀이 더 거칠어져 있었다. 목소리는 컸지만 초조함이 보였다. 몰린다는 확신을 잡았다.

"도대체 얼마를 달라는 말인지 들어나 봅시다!"

어차피 줄 돈도 아닌데 자신 있게 물었다.

"6,000만 원!"

표정 하나 바꾸지 않고 거금 6,000만 원을 이사비 명목으로 달란다.

호락호락 응할 필자도 아니다.

"그 돈을 나보고 달라는 말씀이신가!"

나도 거칠어졌다.

"6,000만 원만 주면 조용히 이사를 간다니까!"

"당신들한테 이사비용으로 줄 돈 6,000만 원 있으면 그 돈으로 농약을 사서 마시고도 끄떡 안 할 자신 있네요!"

말도 안 되는 험한 말을 남기고는 또다시 문을 박차고 나와서 곧바로 동부법원으로 향했다. 낙찰자와 협의가 이뤄지지 않으면 정말 집행관에 의한 강제 퇴거 순서가 남아 있는 '법대로'로.


## 자랑은 못 하지만 오시면 들려드리겠다

얼마를 이사비용으로 지불했을까? 궁금해하시는 분들의 표정이 눈에 선하다. 돈은 뜯기지 않았다. 대신, 명도 과정에서 글로 표현할 수 없는 험한 장면들이 있었다. 결국 평균 낙찰가율보다 20% 이상 싸게 낙찰받았다. 명도까지는 3개월이 걸렸고, 2013년 3~7월 사이에 있었던 일이었다.

# 아무런 근거 없이 유치권을 주장할 때

"지금 점유자는 불법 점유자이고, 유치권에 관한 아무런 자료를 제시하지도 않은 채 막무가내로 돈을 달라고 요구하고 있는데, 머리가 아프네요."

"그렇게 막무가내식으로 무식하게 나올 때는 아예 처음부터 형사문제로 몰고 가버리세요. 그게 간단하고 빠릅니다."

"찝찝하기는 하지만, 정말 그렇게 해버릴까요?"

"그럼요!"

"무슨 내용으로 고소를 해야 할까요?"

"경매 방해죄, 재산권 침해, 영업 방해, 건조물 침입, 무단 점유 등으로 고소장을 쓰시면 됩니다."

"그래도 안 나가면 어떻게 하죠?"

"그러지는 못합니다. 꼭 처벌하자는 것보다는 압박수단이잖아요!"

"그걸 저 사람들이 알고 있을까요?"

"막무가내식으로 버티다가는 정말 처벌받을 수도 있습니다. 하여튼 말씀 잘 해보세요!"

"글쎄요, 제 판단으로는 말로는 안 될 것 같아요."

"정 그러면 형사고소 해버리세요. 처벌받습니다. 고소당하고 나면 생각이 달라질 겁니다!"

실상과 다르게 부풀려진 금액으로 '유치권'을 신고할 때도 문제가 될 수 있고, 허위유치권 신고자는 물론이고, 허위로 유치권을 신고하도록 알려준 사람도 경우에 따라서는 처벌 대상이 될 수 있다. 최근 법원은 사실에 근거해서 판단하고, 처벌하는 분위기가 훨씬 강해졌다.


## 필자에게 돌까지 던질 일은 아니라고 생각한다

이런 이야기까지 써야 하는지 모르겠지만, 이왕 들려드리는 '명도' 이야기니 한 걸음 더 들어가 보겠다.

사람과 상황에 따라 명도 대책이 달라져야 한다는 것이 필자의 생각이다.

배워서 유식하다는 사람들에게는 '돈'과 '여자'를 동원하는 것이 명도 전략에 효과적이다. 그러나 우리 수준에서 여자를 동원할 일까지는 없을 것이다. 혹시라도 성희롱이 목적이거나 여성을 비하하려는 의도는 전혀 없다는 것을 미리 말씀드린다. 무슨 말인가 하면, 배웠다는 사람들에게 명도할 때 쓰는 칼로, 법은 그다지 효과적이지 않다. '돈' 싫어하는 사람 없지만, 좀 배웠다는 사람들이 유독 '돈'에 약한 것을 자주 본다. 명도할 때도 대강 비슷했다.

반대로 많이 배우지 못한 사람들에게는 '법대로'가 효과적이다. 20여 년 명도판에서 체득한 경험에서 나오는 말이다.

자신이 운영하던 유흥시설 콜라텍이 경매 넘어가자, 콜라텍 영업을 위해 지출한 공사비를 '유치권'으로 경매법원에 신고했다가 '경매 방해죄'로 징역형과 사회봉사 명령을 받은 사례를 보여드리겠다.

# 04

# 유익비로 허위유치권
# 신고했다가 전과자가 된 사례

## 필자와도 직접 인연이 있었던 물건이다

서울 지하철 5호선 장안평역 출입구와 맞닿아 있는 노인 콜라텍과 부속 식당으로 사용되고 있던 근린생활시설 지하 1층 약 300여 평이 경매에 들어가자 실제로 콜라텍을 운영하고 있던 사장님이 인근 부동산 중개업자의 말을 듣고, 자신이 콜라텍 영업을 위해 사용한 내부 인테리어 비용 명목으로 약 7억 5,000여만 원을 경매 법원에 유치권으로 신고했다가 채권자였던 청주 모 신협의 형사 고발로 전과자가 된 사연이다.

필자가 2014년에 질권대출을 활용해 부실채권을 매입한 후, 입찰해서 낙찰까지 받으려는 투자 전략으로 물건 조사를 하면서 되었다. 필자에게 세 가지의 아픔이 있고, 한 가지 바람이 있었던 물건이다. 다음의 정보는 실제 경매 물건을 바탕으로 작성했다.

용답동에 있는 장안동 콜라텍 경매 물건의 대강 개요

| 사건 번호 | 2014-103 | 2014-2253 |
|---|---|---|
| 호수 | 지1층 B112호 | 지1층 B101호 |
| 채권최고액 | 533,000,000원 | 1,846,000,000원 |
| 감정 가격 | 634,000,000원 | 2,600,000,000원 |
| 최저입찰가 | 405,760,000원 | 1,331,200,000원 |
| 유찰 횟수 | 2회 | 3회 |
| 최저가 율 | 64% | 51.2% |
| 전용 면적 | 70.98평 | 239.30평 |
| 응찰 가격 | 517,000,000원 | 1,783,000,000원 |
| 응찰가율 | 81.55% | 68.58% |
| 응찰자 수 | 3명 | 3명 |
| 입 찰 일 | 2015. 06. 29. | 2015. 07. 20. |
| 잔금기한일 | 2015. 08. 19. | 2015. 08. 27. |
| 잔금납부일 | 2015. 09. 14. | 2015. 08. 27. |
| 배당종결일 | 2015. 10. 02. | 2015. 11. 06. |
| 사용 용도 | 장안식당 | 장**콜라텍 |
| 주의 사항 | 콜라텍 운영자 이○○ 에 의한 유치권 신고 있음 ||
| 보증금 | 보증금 1억 원(월 임대료 550만 원) ||

## 해당 NPL 채권 사려고 경매 신청권자였던 신협에 전화

"안녕하세요, ○○신협이시죠? 용답동 콜라텍 경매 물건 저당권 혹시 매각하시나 해서 전화 드렸습니다."

"아 그러신가요, 담당 차장님 바꿔드리겠습니다. 잠시만 기다려주세요."

"전화 바꿨습니다. 해당 경매 물건 담당자인 성△△ 차장입니다."

"안녕하세요, 혹시 차장님네가 경매 진행 중인 서울 용답동 콜라텍 물건의 저당권을 매각하시나 알아보려고 전화 드려봤습니다."

"저희는 가격만 맞으면 매각하기로 한 물건입니다."

"얼마에 매각하시기로 하셨는지 말씀 좀 해주실 수 있을까요?"

"그러기는 어렵고요, 먼저 사실 가격을 먼저 말씀해주시는 것이 순서 아닐까요?"

"두 건 합한 채권액이 32억 3,400만 원이시죠?"

"네, 맞습니다."

"채권은 모두 찼나요?"

"아직 다 차지는 않았습니다."

필자가 청주 ○○신협에 전화를 건 시기가 2014년 9월 말이었고, 이 때는 2014타경 2253번은 3번 유찰 중이었고, 2014타경 103번은 두 번 유찰로 두 건의 최저 입찰가격이 합계가 1,736,960,000원이었다.

"저희가 신협의 경매 신청비용까지 감안해서 18억 원에 매입하면 어떨까요?"

"실제 저희가 받아야 할 원금과 연체이자, 그리고 경매 신청비용을 합하면 18억 4,500만 원은 주셔야 저희가 손해가 아닙니다. 그 이하로는 매각할 수가 없게 되어 있습니다."

"알겠습니다. 협의해보고 다시 연락드리겠습니다."

그리고 고민을 해보고 이틀 뒤 다시 전화해서 다음과 같은 조건으로 매입하기로 약속하고 일을 진행했다.

# 근저당권 매수의향서

# 근저당권 매수의향서

수신 : 청주 ▓▓신협
참조 : ▓▓▓ 차장

귀사의 아래 자산에 대하여 매수하고자 하오니 검토하여 주시기 바랍니다.

- 아 래 -

1. 사 건 : 서울동부 지방법원 2014타경 103, 2014타경2253
2. 물건 내용 : 서울시 성동구 용답동 ▓▓-▓, ▓▓▓▓▓▓ 지1층 B112, B101호
3. 매수대상채권 :
    1) ▓▓신협 2011.09.30.일자 설정금액 1,846,000,000원 1순위 근저당권
    2) ▓▓신협 2011.09.16.일자 설정금액 533,000,000원 1순위 근저당권 누 건
4. **채권최고액 : 합계 설정금액 2,379,000,000원**
5. 매수조건

    - 매수금액 : **일십팔억사천육백만원**(₩1,846,000,000원)
    - 매수방법 : 론세일 저당권전부 완전매각방식
    - 부대조건 가) 계 약 금 : 매수금액의 10% 계약일에 지급
                나) 잔 금 : 90%는        년      월      일
                다) 계약희망일 : 2014년 10월    일
                라) 매수제안자와 저당권 명의자는 달라질 수 있음

2014년      월      일

매수제안자 : 우 형달
주민번호 : ▓0512-▓▓▓▓▓▓
주    소 : 서울시 광진구 광장동 ▓▓▓번지 ▓▓▓▓▓▓
전화번호 : 017-341-▓▓▓

**▓▓신협 귀중**

# 필자의 수강생이 중간에 낚아채갔다

필자는 그 당시 운영하고 있던 '경매 NPL 지분 주말 집중반' 수업 중에 이 물건을 NPL 투자 예정 물건 사례로 설명하면서,

- 두 건 감정가격이 32억 6,340만 원짜리로,
- 두 건 실제 평수는 300여 평인 장안동 콜라텍을,
- 두 건 채권최고액 합인 23억 7,900만 원짜리 저당권을,
- 저당권자인 ○○신협과 18억 4,600만 원에 매입하기로 협상은 끝났고,
- 계약 희망일은 2014. 10월이고,
- 저당권 매입 계약할 때 매입 금액의 10%인 1억 8,460만 원만 주고,
- 잔금 90%는 모새마을 금고가 이율 6.5%로 질권 융자를 약속했고,
- 부실채권 매입 후 입찰가격은 얼마로 하기로 하고,
- 입찰가격의 90%까지를 다시 시중은행에서,
- 경락잔금융자로 4%대로 해주기로 했고,
- 그렇게 되면 실 투자 금액은 얼마 정도면 되고,
- 현재 월 임대료가 얼마인데 얼마까지는 올려서 재계약할 수 있고,
- 그렇게 되면 투자금 얼마를 동원해서,
- 은행이자를 빼고 난 나머지 임대료를 배당으로 돌리면,
- 년 ?%의 수익을 배당받을 수 있을 것이고,
- 이러면 은행이자의 약 2.5배 정도가 되니 우수한 투자 물건이 되고,
- 소유권 취득 2년이 지나서 매각하면 양도세, 중과세 피할 수 있고,
- NPL 매입으로 배당받을 수 있는 금액까지로 고가 응찰을 하면,

● 양도소득세 절세 효과도 누릴 수 있는 투자 물건이고,

● 32억 6,340만 원짜리를 채권최고액인 23억 7,900만 원일 때,

● 23억 7,900만 원을 다 배당받을 수 있게 약 24억 원에 입찰하면,

● 18억 4,600만 원에 매입한 부실채권가격과 낙찰가격 차이,

● 즉 5억 5,400여만 원에 대해서 양도소득세 차액이 인정되고,

● 2년 지나서 낙찰가격 수준인 30억 원 언저리에서 매각한다면,

● 매입가격이 24억 원에 비용 감안하면 25억 원 정도,

● 양도소득세는 완벽하게 방어할 수 있는 우수한 물건이 될 수 있다고 수업 시간에 미주알고주알 세세한 대목까지를 미친놈처럼 설명한 것이 화를 불렀다.

필자에게서 이 수업을 듣던 당시 주말 집중반 수강생 중 한 명이 채권자인 신협과 매입 협상은 끝났지만, 아직 계약이 안 되었다는 사실을 알고는 우리가 제시한 부실채권 매입 가격보다 8,000만 원을 더 준다고 경매 신청권자인 ○○신협에 전화하자, 채권자인 청주 ○○신협은 우리와의 협상은 없었던 것으로 하고, 8,000만 원 더 주겠다는 우리 수강생에게 해당 채권을 팔아버린 것이다.

## ○○신협 담당 책임자로부터 전화

"박사님, 조금 죄송하게 되었습니다."

"차장님, 무슨 말씀이세요?"

"박사님에게 팔기로 한 장안동 콜라텍 채권을 다른 사람이 더 높은 가격을 준다고 해서 회사에서는 그쪽에다 매각하라고 합니다."

"아이고 저런, 우리하고 이미 합의까지 다 했는데."

"그러게 말입니다!"

"정 그러시다면 어쩔 수 없죠!"

"이해해주시니 고맙습니다."

"우리와 인연이 안 되려는 물건인가 봅니다."

"그러게 말입니다."

"차장님, 하나만 물어봐도 될까요?"

"네, 제가 대답해드릴 수 있으면 대답해드리겠습니다."

"다른 사람은 얼마를 더 준다고 하나요?"

"박사님네보다 8,000만 원 더 준다고 '매수의향서'를 보냈습니다."

"그러면 저쪽에 파셔야죠. 잘 알겠습니다."

필자와는 인연이 안 되려나 보다 하고 깨끗이 잊어버리기로 했다.

그러고 나서 한참 있다가 신협 담당 차장님이 다시 전화해왔다.


## 담당 책임자로부터 다시 걸려온 전화

"박사님, 안녕하세요! 청주 ○○신협 성 차장입니다."

"오랜만입니다. 차장님 잘 지내시죠."

"네, 덕분에 잘 지내고 있습니다. 여쭈어볼 게 하나 있어서요."

"말씀해보세요."

"장안동 콜라텍에 콜라텍 사장님이 유치권 신고한 것 알고 계시죠."

"알고 있죠, 우리가 부실채권 사려고 했을 당시에도 제가 말씀드렸잖아요. 유치권 신고 때문에 낙찰가격이 내려갈 가능성 있으니 적극적으로 대처하셔야 한다고요."

"회사에서 유치권 신고자를 '경매 방해죄'로 고소하라고 하는데, 회사 자문 변호사 말로는 유치권자 고소당하면 벌금형 받을 수 있다고 하는데 어떻게 보시나 해서요."

"유치권 신고 금액이 얼마나 되나요?"

"7억 5,000만 원 정도 됩니다."

"리모델링 비용이라고 하셨죠?"

"네, 100% 내부 인테리어 비용입니다!"

"그 정도 금액이면 벌금형은 맞을 수 있을 것 같은데요."

"알겠습니다."

"차장님, 저도 궁금한 게 하나 있어요."

"말씀해보세요."

"경매 정보지를 보니까 차장님네 저당권 매입한 사람 이름을 어디서 본 것 같아서요."

"모르셨어요? 저당권 매입한 사람들이 박사님 잘 알던데요!"

"정말인가요?"

"박사님도 알고 있는 줄 알았는데요."

"몰랐습니다."

"어떻게 그럴 수 있나요?"

인간에 대한 깊이를 알 수 없는 회의가 밀려왔다.

# 콜라텍 사장님 유치권 신고했다가 기소된 내역

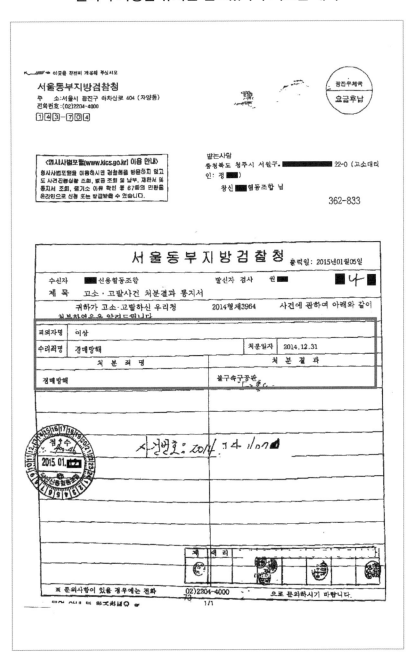

서울동부지방검찰청
주 소:서울시 광진구 아차산로 404 (자양동)
전화번호:(02)2204-4000
143-704

<광진우체국 요금후납>

〈형사사법포털(www.kics.go.kr) 이용 안내〉
형사사법포털을 이용하시면 검찰청을 방문하지 않고
도 사건진행상황 조회, 벌금 조회 및 납부, 재판서 및
통지서 조회, 불기소 이유 확인 등 67종의 민원을
온라인으로 신청 또는 발급받을 수 있습니다.

받는사람
충청북도 청주시 서원구 ■■■■■ 22-0 (고소대리
인: 정 ■■■)
참신 ■■■염동조합 님

362-833

## 서울동부지방검찰청

발송일: 2015년01월05일

| 수신자 | ■■■신용협동조합 | 발신자 검사 | 권■■ | ■4■ |

제 목   고소·고발사건 처분결과 통지서

귀하가 고소·고발하신 우리청   2014형제3964   사건에 관하여 아래와 같이
처분되었음을 알려드립니다.

| 피의자명 | 이상 | | |
| 수리죄명 | 경매방해 | 처분일자 | 2014.12.31 |
| 처 분 죄 명 | | 처 분 결 과 | |
| 경매방해 | | 불구속구공판 | |

사건번호: 2014 고합 1107

접수 2015.01

제 대리

※ 문의사항이 있을 경우에는 전화   02)2204-4000   으로 문의하시기 바랍니다.

73   1/1

## 1심 재판 결과, 유죄가 선고되었다

콜라텍 영업을 위해 지출한 내부 인테리어 비용 약 7억 5,000여만 원을 '유치권'으로 신고했던 콜라텍 사장님 이○○는 '경매 방해죄'로 불구속 기소되어 재판 결과 1심에서 징역형에 집행유예, 그리고 사회봉사명령 80시간의 선고를 받았고, 유치권을 신고하라고 사주한 그 건물 1층에 있던 부동산 중개업자에게는 벌금형이 선고되었다.


## 채권을 싸게 팔려고 했다고 책임자들 권고사직

다시 장안동 콜라텍 사건으로 돌아가 보자. 그러고 나서는 정말 잊어버리고 있었는데 약 일 년 후, 담당 차장님이 다시 전화해오셨다.

"박사님, 잘 지내시죠, 청주 ○○신협 성 차장 입니다."

"아, 차장님 잘 지내시죠, 장안동 콜라텍 잘 마무리되셨죠? 경매 진행 살펴보니까 NPL 매입했던 사람이 낙찰까지 잘 받았더라고요."

"그건 맞는데, 그 건으로 저희는 잘못되었습니다."

"차장님이 왜 잘못되나요? 유치권 신고자 형사 처분까지 받게 하고 NPL도 제값 이상으로 받았다고 회사에서 칭찬 들었을 텐데요?"

"박사님네 수강생이 박사님 몰래 전화해서 박사님네와 계약하려고 했던 가격보다 8,000만 원 더 주고 NPL을 사갔었잖아요."

"알고 있습니다. 이제 와서 그런 이야기 다시 해봐야 무슨 필요 있나요?"

"그런데 회사에서는 그렇게 안 봤습니다."

"그게 무슨 말씀이세요? 그렇게 안 봤다는 말이 이해가 안 되는데요."

"박사님네와는 당초에 한 약속은 두 건에 설정된 저당권 채권최고액 2,390,000,000원짜리를 18억 4,600만 원에 매각하기로 합의했었는데, 박사님네 수강생이 따로 연락해서 8,000만 원 더 얹어서 19억 2,600만 원에 사 갔잖아요?"

"이야기해주셨잖아요."

"그런데 회사에서는 내가 우 박사와 짜고 8,000만 원 싸게 팔기로 해서 회사에 피해를 끼치려고 했다고 박사님이 보내셨던 '매수의향서'를 바탕으로 감사과정에서 그렇게 결론이 났어요!"

"아니, 그게 무슨 말씀이세요, 그때 함께 구의동 우리 사무실에 오셨던 부장님도 우리가 제시한 가격에 만족하고, 구두로 합의한 것을 바탕으로 '매수의향서' 작성하라고 해서 진행했던 사항인데요, 그리고 누가 누구와 뭘 짜서 회사에 피해를 끼치려고 했다는 말씀이세요?"

"그때 함께 뵈었던 정 부장님도 감사과정에서 그렇게 주장을 했는데 받아들여지지 않았어요."

"그러면 차장님하고 부장님이 사실대로 진술했는데도 우리 수강생이 우리 몰래 신협하고 접촉해서 8,000만 원 더 주고 사간 결과만 가지고 차장님이 무슨 징계라도 당하셨다는 말씀이세요?"

"저하고 저희 부장님은 그 건으로 동시에 권고사직 당했습니다."

"뭐야 그러면 두 분이 해고당하셨다는 말씀이세요?"

"그렇게 되었습니다."

하늘이 노래졌다.

40대 중반의 차장님과 50대 초반의 부장님이 말은 권고사직이지, 사실상 해고를 당한 것이다. 정상적으로 퇴직해도 갈 데가 마땅치 않은 것이 요즘 금융기관 임직원들인데 징계당해 퇴사하면 어디로 갈 것인가. 지금 생각해도 가슴이 먹먹해지고 눈물이 핑 돈다. 아직도 마음 한쪽에 무거운 빚으로 남아 있다.

## 내 나이 80이 되었을 때 나도 콜라텍 다니고 싶다

장안동 콜라텍 물건이 정상적으로 필자네가 매입했다면 함께 공동 투자하기로 하셨던 박 회장님과 당시 나누었던 대화 일부다. 박 회장님과는 2013년에 딱 절반씩 투자해 낙찰받은 구의동 아크로리버 사무실을 낙찰받았다고 앞에서 말씀드렸던 '북파공작원 ○○동지회' 물건이다.

"박 회장님, 저는 이번에 부실채권 투자하려고 장안동 콜라텍 몇 번 가보면서 느낀 점이 있습니다."

"박사님, 나이 드셔서도 노인 콜라텍에 춤추러 다니고 싶다는 말씀 하시고 싶으신 거죠?"

"네, 거기 오시는 양반들 보통 70부터잖아요!"

"70대 초반은 어린애 취급당하고 70대 후반은 되어야 나이 좀 먹었구나 하는 분위기였잖아요."

"그러게요. 그 나이 되어서 치매 걸려도 못 가고, 쓰러져 한쪽 마비되는 사람들은 아무리 가고 싶어도 가지 못하잖아요."

"맞는 말씀입니다. 나이 들어서 하루에 두세 시간 처음 보는 할머니들과 춤출 수 있는 건강과 기력이 있다는 것이 얼마나 행복한 일일까요."

필자네 집 거실에는 필자가 어렸을 때 돌아가신 '부친'의 흑백 회갑 사진이 걸려 있는데, 지금 기준으로 보면 최소 70은 훨씬 넘긴 영감이다.

예전의 환갑잔치 사진 속 영감들 모습이나 지금의 70대나 구분이 어렵다. 나라가 잘살게 되어 영양 상태가 개선되고 의료기술의 발달로 '100세 시대'라고 한다. 그래서인지 우리 눈에 보이는 노인들은 나이에 비해 확실히 젊고 건강해 보인다.

그런데 필자의 생각은 좀 다르다. 건강이 안 좋거나, 치매를 앓고 있는 사람들은 거의 병원이나 요양원에 가 있어 우리들 눈에 안 보일 뿐이다. 안 보인다고 해서 다들 건강하다고 말할 일이 아니라는 것이다. 필자는 80이 넘어서도 매일 집사람이 아닌 다른 할머니 손잡고 두세 시간씩 노인 콜라텍에서 땀 흘릴 수 있기를 희망한다.

# 유익비로 허위유치권 신고했던 물건에 대한 분석

## 콜라텍 물건의 특수권리였던 유치권 분석

콜라텍 영업을 위해 지출했던 공사비를 이유로 유치권 신고했다가 전과자가 된 사례로, 앞의 경매 사건의 물건에 관한 유치권을 분석한 필자의 견해다. 이 사건에 콜라텍 사장인 이상○가 유치권을 신고한 상태다. 그런데 현황 조사 내역 등 법원 기록에 따르면, 그 건은 '임차인이 점유 사용하고 있고, 등록사항 등의 현황서 열람을 요청한 바 등록사항이 없다고 한다'는 조사내용만 있었을 뿐, 유치권을 주장하는 점유자나 이를 알리는 게시문 등 어떠한 표식(表式)도 일체 확인된 사실이 없었다는 것이고, 이를 감안해서 따져보면 유치권 신고인의 점유만을 추정으로 유치권이 성립하기 쉽지 않은 상태라고 판단할 수 있다.

그럼에도 불구하고 혹시 간접점유 등으로 점유하고 있는 자가 있다고 하더라도, 매각대상 건물이 2006년에 보존등기 되었고, 유흥업소와 관련 음식점으로 사용되고 있었다는 점을 감안하면, 해당 경매 건물의 필요비에 해당하는 공사대금이 아닌 '내부 시설비(인테리어)' 명목으로 신고한 것으로 추정해볼 수 있었다.

이런 공사비용은 건물의 객관적인 가치를 증가시킬 목적으로 행해진 비용(유익비)은 유치권의 보호 범위로 인정하지 않는 것이 대법원 판례(91다15591)임을 감안하면, 유치권이 성립하기 어려울 것으로 예상된다. 실제로는 신청채권자인 청주 ○○신협이 유치권 신고인(이상○, 김태○)을 형사 고소해 유죄판결을 받았다[7]. 유치권 관련 참고사항은 다음과 같았다[8]. 비슷한 신문기사 두 건을 소개한다.

## 유치권 거짓 신고자 실형선고 이어 손배책임 판결[9]

허위유치권 신고로 경매 절차를 방해했다면 손해를 배상할 책임이 있다는 판결이 나왔다. 서울고법 민사**부(김문○ 부장판사)는 김모 씨

---

7) 이해관계인 제보 : 청주 ○○신용협동조합이 2014-103호 경매 사건 유치권 신고와 관련해 유치권 신고자를 경매방해죄로 형사고소를 진행해 1심에서 징역형 선고받았으며(집행유예 및 사회봉사명령), 이에 이상○가 항소했지만, 항소의 취지는 유치권 존재 여부가 아니라 형량 감경이 목적으로 실질적으로 유치권은 없는 상태임.

8) 참고사항
  (1) 유흥시설(***콜라텍)과 근린생활시설(장안식당)로 이용 중임.
  (2) 이상○로부터 2014.03.21.자 공사대금채권 금 736,340,000원의 유치권 신고서 제출
  (3) 2014.03.21 유치권자 이상○ 유치권 행사 신고 제출
  (4) 2014.05.15 유치권자 이상○ 열람 및 복사 신청 제출
  (5) 2014.05.22 채권자 청주○○신용협동조합유치권배제 신청 제출
  (6) 2014.07.23 유치권자 이상○ 보정서 제출
  (7) 2015.06.24 유치권자 이상○ 취하서(유치권행사) 제출

9) yna.co.kr : 2010.07.26. 기사 인용

등 네 명이 "경매 절차에서 허위유치권 신고 때문에 낙찰자 지위를 포기했다"며 정모 씨를 상대로 낸 손해배상 청구소송에서 "4억 9,000만 원을 배상하라"고 판결했다고 26일 밝혔다. 재판부는 "정씨가 경매 절차가 진행 중인 상가에 대해 3억 7,000만 원 상당의 인테리어 공사비를 못 받고 있다고 허위 신고를 한 점이 인정되는 만큼, 이로 인해 상가 인수를 포기한 김씨 등에게 손해를 배상할 책임이 있다"고 밝혔다.

다만 "김씨 등에게도 좀 더 세심한 주의를 기울여 조사하고 법률전문가의 조언을 들을 수 있었음에도 불구하고, 성급하게 매수인의 지위를 포기한 점 등 일부 잘못이 인정돼 정씨의 책임 비율을 60%로 정한다"고 덧붙였다.

김씨 등은 2006년 1월 부천에 있는 상가에 대해 법원의 매각허가결정을 받았으나, 정씨가 인테리어 공사잔대금채권 3억 7,000여만 원이 있다고 허위유치권 신고를 하는 바람에 늘어난 인수비용을 부담할 수 없어 낙찰자 지위를 포기했다.

김씨 등은 "낙찰자 지위를 포기하며 입은 손해를 배상하라"며 소송을 냈고, 1심 재판부는 "정씨의 허위유치권 신고와 인과관계가 있는 손해액 2억 4,000만 원을 배상하라"며 원고 일부 승소로 판결했다. 한편, 정씨는 작년 허위유치권을 신고해 경매의 공정을 해친 혐의(경매방해)로 기소돼 징역 6개월의 실형을 선고받았고 이 형이 확정됐다.

# "유치권 허위 신고해 경매 지연"…
# 돈 받아 챙긴 브로커 구속[10]

유령업체를 내세워 허위로 유치권을 신고하는 방법 등으로 경매를 지연시킨 경매 브로커 일당이 검찰에 적발됐다. 대전지검 홍성지청은 7일 변호사법 위반 등 혐의로 A(43) 씨 등 두 명을 구속기소하고, B(42) 씨 등 세 명을 불구속기소했다.

이들은 금융기관에 돈을 갚지 못한 채무자들의 의뢰를 받아 경매 절차를 지연시키기 위해 '매각허가결정 이의 신청서'를 작성한 뒤 법원에 제출하고, 채무자들로부터 돈을 받아 챙긴 혐의를 받고 있다. 또 경매 참가율을 떨어뜨리려고 법원에 유령업체 명의의 유치권을 우편으로 신고하기도 했다. 우편으로 보내면 확인 없이 대부분 받아주고, 경매를 신청한 금융기관의 경우 고객인 채무자가 이탈할까 봐 허위유치권이 의심되는 사안임에도 불구하고 미흡하게 검증하는 점을 악용했다.

경매 과정에서 유치권이 신고되면 낙찰받더라도 번거로운 법·행정적 절차를 밟아야 하므로 경매 참가자들의 입찰 의욕이 떨어져 경쟁률이 낮아지고, 절차가 지연된다. 이들이 경매를 지연시키거나 입찰 경쟁률을 낮추면 채무자들은 친분이 있는 사람 등을 내세워 낮은 가격에 낙찰받는 방법으로 채무를 해결했다. 이들은 전국 법원에서 진행된 80건의 경매를 통해 모두 4억 2,000만 원 이상의 불법 수익을 올렸다고 검찰 관계자는 설명했다. 김성○ 부장검사는 "의뢰인들은 경매가 지연되는 기간에 돈을 마련해 갚으면 부동산을 지킬 수 있다"며 "여러 차례

10) yna.co.kr : 2016-07-07 기사 인용

유찰되면 경매가가 떨어지기 때문에 적은 돈으로 특수 관계인을 통해 낙찰받고, 채무도 해결하는 이익을 얻게 된다"고 말했다.

## 잔금납부기한일 이후에 잔금납부

다시 장안동 콜라텍 경매 사건으로 돌아가보자. 이 사건은 2회 유찰되고 3회 차 매각기일에 매각가율 81.6%에 낙찰된 바 있으나, 대금을 미납해 재매각(재경매)이 진행 중이었다. 권리분석(등본)상 매수인이 인수하는 권리가 없고, 매각으로 인해 모두 소멸되는 권리가 있을 뿐이어서 낙찰자가 추가로 부담해야 할 권리는 없다.

입찰 당시에 세 명이 경합했지만, 최저매각가격보다 1억 1,100여만 원(최저가의 약27.4%)이나 더 써서 2회 차 매각기일에 유찰되었던 가격을 초과해 낙찰받았음을 감안하면, 신청채권자의 근저당권이 일반 개인에게 양도(NPL)되었고, 최저매각가격 대비 상당히 높은 가격에 낙찰되었다는 점에서 NPL과 관련된 낙찰이었다고 판단할 수 있고, 실제로도 그랬다.

## 상가임차인의 대항력 여부

이 사건에 말소기준권리보다 먼저 사업자등록을 한 임차인 채경*이 있는데, 이 임차인의 환산보증금[보증금+(월세×100)]은 6억 5,000만 원이다.

그런데 이 건 최초 근저당권 설정일(2011.09.16) 당시 기준 상가임대차보호법의 적용대상 범위는 서울지역의 경우 환산보증금은 3억 원 이하다. 즉, 말소기준권리보다 사업자등록일은 빠르지만 상가임대차보호법 적용대상이 아니기 때문에 매수인(낙찰자)에게 대항력 있는 임차인은 아니며, 인수하는 보증금도 없다.

## 이유는 알 수가 없지만, 다시 경매 나왔다

2014타경 103번으로 경매가 진행되었던 '장안식당' 물건이 서울동부지방 2018타경 55481번을 검색해보면 2018년 11월에 경매가 개시되어, 2019년 8월에 낙찰되어, 2019년 9월에 잔금납부로 소유자가 바뀐 것을 볼 수 있다.

# 06

# 공사업자들이 공사비를
# 구실로 유치권을 주장할 때

## 진짜 유치권일 때 대처방법

전원주택단지 물건이 경매로 나왔을 때 흔하게 주장되는 문제가 바로, 공사업자에 의한 유치권 문제다. 토목공사를 원인으로 유치권을 주장하는 물건을 낙찰받을 경우 공사단계는 크게 네 단계로 나누어볼 수 있다. 첫 번째는 토목공사, 두 번째는 골조공사, 세 번째는 내부 인테리어 등 마무리공사, 네 번째는 조경업자다.

'필요비'로 인정될 여지가 큰 이들 공사비용은 진짜 유치권일 수도 있지만, 억지 주장을 하는 가짜 유치권자가 더 많다. 특히 공사대금이나 공사내역에 관해서 100% 신뢰하기 어려운 것이 현실이다. 여기서는 가짜 허위유치권자는 살펴보지 않고, 실제 공사 등으로 밀린 대금을 받지 못한 공사업자가 유치권을 주장하는 경우에 그 피해를 어떻게 최소화할 것인가 하는 점만을 살펴본다.

# 임야나 전원주택단지 토목공사비로 유치권을 주장할 때

"한중건설 사장님이신가요?"

"어디세요?"

"양평 수임리 현정 리조트 현장 유치권 가지고 계시지요?"

"글쎄, 누구시냐니까요?"

"이번에 그 현장 낙찰받은 법인의 대표입니다!"

"그런데 전화는 왜 하셨어요?"

"용건이 있으니 전화를 드렸지요!"

"용건이라면 나는 공사대금 못 받은 것 말고는 없는데요?"

"그래서 한번 만나서 이야기를 좀 하고 싶어서요."

"전화로 일단 말씀해보세요, 용건이 뭔지?"

"그러면 전화로 먼저 말씀드리겠습니다."

"그러세요."

" 저희가 보기에는 사장님네가 신고한 유치권은 '진성 유치권'으로 보입니다."

" '진성 유치권'은 또 뭐요?"

"경매 망치려고 채무자하고 짜고 신고한 가짜 유치권이 아니라는 말입니다."

"그 전원주택단지 토목공사 해주고 돈 못 받은 돈이라니까, 그러시네!"

"우리 판단으로도 진짜로 공사해주었는데, 돈 못 받아 신고한 유치권이라고 판단된다는 말입니다."

"이 양반하고는 말 되네. 그래요. 우리는 그 단지 산 깎고, 평탄작업하고, 진입로 토목공사를 해주고 못 받은 돈이요."

"그래서 우리도 유치권은 인정되는 것으로 판단되고 있습니다."

"고맙소! 그렇게 생각해주시니."

"그러니 만나서 이야기를 한번 하시면 어떨까요? 사장님네 입장에서 보더라도 어차피 지금부터는 이 문제를 협의하고 해결해야 할 사람들이 우리니까. 그러지 않습니까?"

"좋습니다, 사장님이 그렇게 나오면 도울 일 있으면 나도 돕겠소. 한번 만납시다!"

서로 인정할 것을 인정하고, 공사해주고 공사대금 못 받은 것을 낙찰자가 해결하자고 하는 데 만나지 않을 공사업자가 세상 어디에 있겠는가. 가짜(허위) 유치권이 아니라는 것이 판단되면 낙찰자 입장에서도 시간 끌어 유리할 것은 하나도 없다. 소송으로 가는 것보다 협상을 통해 빨리 마무리하는 것이 현명한 방법일 수 있다.


그리고 진짜 유치권자는 상황에 따라 얼마든지 우군으로 활용할 수 있다. 진짜 유치권자는 여러 가지로 어려움에 처해 있을 가능성이 크다. 공사해주고 몇 년째 못 받아 속 썩이고 있는 공사대금 등을 낙찰자가 해결하자고 하면 얼마든지 협조할 수 있는 여지가 생기게 된다.

다만 유치권자가 주장하는 금액에 대해서는 다투어야 한다. 그리고 그 금액을 줄일 방법은 소송이 아니더라도 여러 가지가 있다.

## 진성 유치권을 해결하는 방법

"시간 내주셔서 감사합니다, 안녕하세요. 양평 수임리 현정리조트 낙찰받은 지엠인베스트 홍길동입니다!"

"우리는 그 현장을 공사한 한중건설입니다. 제가 법인 대표고요."

"결정권자들끼리 만났으니 시간 오래 끌지 말고 핵심만 확인하고 합의할 수 있으면 그것이 서로 좋을 것 같습니다!"

"사장님이 그렇게 나오시면 저희도 감사합니다. 4년째 공사비를 못 받고 있어 저희도 죽을 맛입니다. 솔직히 말씀드리는 겁니다."

"좋습니다. 저번에 전화로 말한 대로 사장님네는 유치권이 성립된다고 봅니다."

"우리가 공사한 것 맞고 공사비 다 못 받고 일부만 받은 것도 맞습니다. 이해해주시니 감사합니다!"

"문제는 공사비가 적당한가의 문제인데요."

"저희가 부풀려서 신고했다는 말씀이세요?"

"저희도 이런 공사해봐서 대강 압니다. 그 현장에 7억 5,000만 원이면 불려서 신고한 것이 맞고, 또 그동안 공사대금을 하나도 못 받았다는 것은 누가 봐도 믿기 어렵고!"

"그러니까 공사비 적정을 가지고 흥정을 하자는 말씀이네요."

"법원에 가서 다투어봐야 서로 시간 낭비, 금전 낭비 아닌가요?"

"좋습니다. 저희도 100% 전부 다 받을 거라고 생각하지는 않고 있습니다."

"서로 솔직하게 논의해서 빨리 답을 찾으시죠."

# 줄 건 빨리 주고, 받을 건 확실하게 받아라

"좋은 제안을 주시면 낙찰자인 저희도 드릴 선물이 있습니다!"

"선물이 뭔지는 모르겠지만, 저희로서는 협상할 마음이 있다는 것만 알아주세요."

"현재 한중건설이 보기에 수임리 현장 토목공사는 몇 %나 진행된 것으로 보세요?"

"글쎄요 70~80%는 했다고 보는데, 몇 년 방치되면서 유실된 부분들이 있어 다시 해야 할 부분도 있다고 봅니다."

"저희도 그렇게 보고 있습니다. 유치권 금액에 대해서 서로 생각이 맞으면 한중건설에다 나머지 토목공사를 다시 맡길 의향도 있습니다."

"그렇게만 해주신다면 저희도 우리 입장만 계속 주장하지 않겠습니다."

"현장 개발해서 분양하고, 건축하는 것이 우리가 낙찰받은 이유이기에 우리는 누구한테라도 토목공사는 맡겨야 합니다."

"저희에게 다시 맡겨만 주신다면 성심성의껏 최선을 다하겠습니다!"

"저희 입장에서도 이왕이면 현장을 잘 알고 있는 한중건설이 해주는 것도 나쁘지 않다고 봅니다. 그렇게 되면 서로 윈윈(win-win) 하는 거죠!"

"그러니까 지금 협상에서는 쟁점은 유치권 액수겠네요."

"그렇죠. 한중건설은 저희가 공사를 맡기는 조건이라면 얼마를 인정받으시면 되겠습니까?"

"그렇게만 해주신다면 저희도 양보할 생각이 얼마든지 있습니다."

"조정이 가능하다는 말씀이시죠?"

"그러시죠, 공사를 계속할 수만 있게 해주신다면 저희도 양보할 의사가 분명히 있습니다!"

"좋습니다. 서로 좀 더 생각해서 다음에 만날 때는 마무리하기로 합시다."

"그렇게 하겠습니다."

"저희 입장에서도 어차피 부동산 개발이라는 것이 시간과의 싸움 아닙니까?"

"대표님이 이렇게까지 솔직하고 담백하게 말씀해주시니 저도 할 수 있는 부분은 돕겠습니다."

"물리력 동원하고, 재판하고, 감정 싸움하고 기세 싸움해봐야 서로에게 좋을 일 그다지 없는 것이 세상살이 아닙니까?"

"그렇습니다!"

"그러면 다음에 만나서 마무리하기로 하시죠!"


## 최상의 방법은 협상으로 마무리하는 것

경매로 전원주택지 등을 낙찰받았는데, 그 현장을 볼모로 유치권을 주장하는 유치권자가 있는 경우, 추가공사를 다시 맡기는 조건으로 유치권 금액을 조정하는 협상방법이다. 기존의 공사업자는 계속 공사를 할 수 있어 유리하고, 낙찰자는 현장을 신속히 그리고 저렴하게 점유할 수 있다. 현실적이고 서로에게 도움이 되는 방법이다. 참고로 말씀드리면 유치권 신고된 경매 물건에서 현장을 합법적으로 점유했다면 문제의 전부를 해결했다고 해도 과언이 아니다. 유치권은 점유를 상실하면 권리가 없어진다. 행간의 의미를 읽으시면 된다. 누군가의 뒤통수를 치라는 말은 절대 아니다.

## 유치권은 더 이상 하자가 아니다

또한 이 방법은 시골의 임야 등에만 해당하는 것이 아니다. 도심의 업무시설 등을 공사하다 건축주나 시행사의 부도 등으로 공사가 중단된 채 경매 시장에 나온 경우에도 사용할 수 있는 방법이다. 협상으로 마무리했을 때 낙찰자에게 유리한 점은 다음의 세 가지다.

① 유치권자가 주장하는 유치권 금액을 깎을 수 있다.
② 유치권 해소에 시간과 비용이 들지 않는다.
③ 현장 공사 도면이나 인허가 서류를 업자가 가지고 있다.
④ 비교적 짧은 시간에 공사를 재개할 수 있다는 것이다.

이렇게 되면 유치권은 경매의 하자가 붙은 '특수물건'이 아니라 오히려 유치권은 큰 물건을 들어 올리는 지렛대 구실을 톡톡히 할 수 있다. 유치권을 주장하는 기존의 공사업자에게 유치권의 일부만 지불하는 조건으로 추가공사를 계속하게 하는 방법이다. 유치권을 무력화시킴과 동시에, 현장을 신속히 접수하고 공사를 방해 없이 진행할 수 있게 된다.

# 공사가 중간 이상 단계에서 멈춘 현장의 유치권 대응전략

"유치권을 주장하시는 업체들 다 모이셨나요?"

"네에!"

"저희는 공사업자 여러분들과 개별적으로 접촉하지 않고 모두 모여 있는 장소에서 공개적으로 협상할 생각입니다. 그것이 서로에게 오해의 소지도 없고, 또 불필요한 잡음도 덜 생길 것 같아서 그렇게 하기로 결정했습니다. 여러분들 생각은 어떤가요?"

"좋습니다. 찬성입니다."

"일단 우리는 여러분들이 주장하는 유치권 금액을 인정할 수는 없습니다. 그 이유는 청구한 공사 금액이나 계약서들에서 나타난 금액이 다른 현장에 비해서 높습니다."

"무슨 말씀을 그렇게 하시나요? 우리는 당초 계약서대로, 기성대로 공사비를 주장하고 있을 뿐입니다. 정 이러시면 저희는 더 이상 이 자리에 못 있겠습니다."

"좋습니다. 저희랑 대화 의사가 없는 업체는 지금 일어나서 바로 나가주시기 바랍니다. 공식적인 대화 말고는 어떤 비공식 접촉은 하지 않겠다고 분명히 선언했습니다. 나중에 후회하지 않을 업체는 일어나셔도 붙잡지 않습니다."

이럴 때 낙찰자는 속된 말로 세게 나가야 한다. 수상한 유치권을 주장하는 공사업자들에게 한번 밀리기 시작하면 걷잡을 수 없는 상황이 벌어진다. 유치권을 주장하는 공사업자 수를 무서워하지 말아야 한다. 여러 업체를 상대로 당당하게 한꺼번에 협상하는 것이 오히려 낙찰자에게 유리하다. 같은 현장에서 일했다고 하더라도 업체마다 입장이 다르다. 처한 입장들이 서로 달라서 끝까지 공동보조를 취하기란 어차피 처음부터 불가능하다. 공개적으로 협상을 하다 보면 유치권을 주장하는 사람들끼리 틈을 보이기 마련이다. 경험으로 볼 때는 이런 경우에 나 홀로 자리를 털고 일어서 나갈 수 있는 배짱 좋은 업체는 단 한 군데도 없다. 있을 수가 없다.


## 협상의 최고 카드 활용

말 그대로 '죄수의 딜레마[11]'가 그대로 적용될 뿐이다. 여러분들도 이미 알고 있는 '죄수의 딜레마'에 빠지지 않을 수 없게 된다. 모두가 들고 일어나 끝까지 유치권 금액을 주장하고 협상과 명도를 거부하면, 낙찰자가 곤란할 것이라고 생각할 수도 있겠지만, 그러지들 못한다. 죄수의

---

11) 1950년(Dresher와 Flood) 이후 이 게임은 죄수의 딜레마(Prisoner's Dilemma)로 알려졌고 사회과학에서 널리 연구되고 이용되어 왔다. 이론의 대강은 다음과 같다. 두 명의 사건 용의자가 체포되어 서로 다른 취조실에서 격리되어 심문을 받으며 서로 간의 의사소통을 불가능 하다. 이들에게 자백여부에 따라 다음의 선택이 가능하다.
① 둘 중 하나가 배신해 죄를 자백하면 자백한 사람은 즉시 풀어주고 나머지 한 명이 10년을 복역해야 한다.
② 둘 모두 서로를 배신해 죄를 자백하면 둘 모두 5년을 복역한다.
③ 둘 모두 죄를 자백하지 않으면 둘 모두 6개월을 복역한다. 즉, 둘 다 자백하지 않으면 6개월로 모든 것이 마무리된다.
그러나 결론은 다르다. 이 게임의 죄수는 상대방의 결과는 고려하지 않고 자신의 이익만을 최대화한다는 가정하에 움직이게 된다. 이때 언제나 협동(침묵)보다는 배신(자백)을 통해 더 많은 이익을 얻으므로 모든 참가자가 배신(자백)을 택하는 상태가 균형이 된다. 참가자 입장에서는 상대방의 선택에 상관없이 자백을 하는 쪽이 언제나 이익이므로 합리적인 참가자라면 자백을 택한다. 결국 결과는 둘모두 5년을 복역하는 것이고, 이는 둘 모두가 자백하지 않고 6개월을 복역하는 것보다 나쁜 결과가된다.

딜레마라는 표현은 적절치 않아 '업체의 딜레마'라고 바꿔서 표현하자.

어떻게 표현하든 표현방식은 그리 중요하지 않다. 낙찰자가 부리는 상당한 억지가 공사업자 입장에서는 상당히 불편하더라도 상대 업체가 먼저 일어나기 전에는 어떤 업체도 먼저 일어나지 못한다는 점이다. 결국, 낙찰자가 제시하는 조건을 받아들이지 않을 수 없다. 여러 공사업체를 각개 격파 형식으로 해결하려다 보면 한두 군데 업체는 통제가 안 되는 경우가 있을 수 있다. 그러나 낙찰자가 공사업자 전체를 한꺼번에 모아놓고 진행하는 유치권 협상 자리에서는 상대방 업체 눈치를 보지 않을 수 없다. 개별적으로 해결하는 것이 더 효과적이라고 생각하실 수도 있겠지만,

"말씀드린 대로 5분 지났습니다. 여러분들이 보시는 것처럼 자리를 박차고 나가는 업체는 아무도 없었습니다. 그러시면 아까 말씀드린 것처럼 우리가 제시하는 조건을 기준으로 협상하는 것으로 알겠습니다. 이의 없으시죠?"

"!?!?!?!!?!?!?!?!?!?!?!?!?!?!?!?!?!?!?"

"좋습니다. 그러면 저희 입장을 말씀드리겠습니다. 이미 공사를 완료한 업체가 청구한 유치권 금액은 유치권을 포기하는 조건으로 신청 금액의 50%를 인정해드리겠습니다. 이유는 그동안 기성대로 공사비를 중간 정산으로 받으셨을 것으로 판단해서입니다."

"!?!?!?!!?!?!?!?!?!?!?!?!?!?!?!?!?!?!?"

"그리고 기존공사의 1/2까지 진행한 업체는 20% 인정해드리고 공사의 계약의 협상우선권을 드리도록 하겠습니다. 해당하는 업체가 다섯 곳으로 알고 있는데 해당업체 대표님들은 이의 있으신가요?"

"!?!?!?!!?!?!?!?!?!?!?!?!?!?!?!?!?!?!?"

"좋습니다. 아직 공사를 시작하지 않은 조경업체를 비롯해서 마무리 공사를 해주실 인테리어, 유리, 조경 등 마감공사업자들은 공사 진행 정도에 따라 실비공사비만 인정하고, 공사는 저희와 다시 계약해서 계속할 수 있게 하겠습니다."

"!?!?!?!!?!?!?!?!?!?!?!?!?!?!?!?!?!?!?"

"생각하실 시간을 5분 드리겠습니다. 5분 뒤에도 이의 발언 없으시면 동의하신 것으로 하겠습니다. 괜찮으시죠!"

협상판 확실하게 딱 장악하고 압도해야 다른 소리 안 나온다.


## 협상은 냉정하고 분명하게

유치권에 관한 비용협상은 냉정하고 분명하게 해야 한다. 한번 잡은 기선은 강하게 밀고 가야 한다. 조경업자가 유치권을 주장하는 경매 물건이라면 공사가 마지막 단계에서 중단되었다는 것을 의미한다. 이런 경우는 유치권을 주장하는 사람이나 회사가 보통은 대여섯 곳, 많게는 10여 개에 이르는 것이 보통이다. 의외라고 생각하는 분들도 계시겠지만, 개별 접촉보다는 한꺼번에 마무리하는 것이 더 쉽게 마무리할 수 있다. 앞에서도 드린 말씀 다시 드렸다.

경매 물건의 감초와 같은 유치권에 관해서 시중의 어떤 경매 재테크 책에서도 보여주지 못했던 부분을 상세히 설명했다는 뿌듯함을 느낀다.

PART

04

# 상가·사무실 단골손님, 체납관리비의 모든 것

## 체납관리비 납부 안 하고도 임대를 위한 공사와 임대 가능

공실상가나 사무실 등 상업용 부동산을 낙찰받을 때 흔하게 발생하는 일로, 전소유자가 체납한 관리비는 낙찰로 소유권을 취득한 사람이 대법원 판례에 따라 '특별승계인' 자격으로 납부해야 한다는 점은 독자 여러분도 잘 아는 내용이다. 전용 부분과 공용 부분으로 구성되는 관리비 중 공용 부분에 관한 관리비 중에서 연체료를 뺀 원금만 납부하면 된다. 이 장에서는 이에 관한 사항을 집중적으로 살펴보자.

## 체납관리비에 관해 구체적으로 살펴보자

낙찰로 소유권을 취득할 때 발생하는 체납관리비 핵심은 다음과 같다.

① 체납관리비 구실로 공사, 임대, 이사 등을 방해할 때,

② 체납관리비 납부 안 하고도 공사와 임대가 가능한가?

③ 체납관리비 안 냈다고 단전·단수하면 불법인가?

④ 재산권행사 방해받은 기간 피해는 누구에게 받아야 하나?

⑤ 전소유자가 체납한 관리비 원금 소멸시효는 3년이 맞는가?

⑥ 체납관리비 내 버리고 나면 소송해도 못 받는가?

⑦ 납부당한 체납관리비는 구상금 청구가 가능한가?

⑧ 체납관리비로 인한 지방세 추가 부과에 대한 대책에 관한 사항을 집중으로 살펴보도록 하자.

## 특수한 상황인 전소유자에 의한 '체납관리비'

전 소유자가 망해서 경매 시장에 나온 경매 물건은 낙찰받고 나면 겪게 되는 상당히 특수한 상황이 '체납관리비' 문제다. 특히 상가나 사무실 등 상업용 부동산을 낙찰받을 때는 반드시 체크해봐야 하는 대목이다. 이 책을 쓰고 있는 도중에도 필자는 약 14억여 원이라는 막대한 액수의 체납관리비 소송 전쟁을 치르고 있다. 2014년에 시작된 체납관리비 소송전쟁을 하면서 참 많은 것을 배웠고, 그중 극히 일부를 여기에 소개한다.

## 전소유자 체납관리비 안 냈다고 단전·단수하면 불법

집합건물의 관리단이나 관리회사 등 관리 주체가 위법하게 행한 단전·단수 및 엘리베이터 운행정지 조치 등 불법적인 사용방해행위로 인해 건물의 구분소유자가 그 건물을 사용·수익 못 했다면 그 구분소유자로서는 관리단에 대해 그 기간 동안 발생한 관리비 채무를 부담하지 않는다고 보아야 한다. 대납한 체납관리비는 구상권 대상이고, 체납관리비로 인해 추가 부과되는 지방세 해결방안도 살펴보도록 하자.

# 전 소유자 체납관리비
# 납부 안 해도 재산권 행사 가능

## 체납관리비 납부 안 하고도
## 임대를 위한 공사와 임대 가능

공실 상가나 사무실 등 상업용 부동산을 낙찰받을 때 흔하게 발생하는 일로, 전 소유자가 체납한 관리비는 낙찰로 소유권을 취득한 사람이 대법원 판례에 따라 '특별승계인' 자격으로 납부해야 한다는 점은 독자 여러분도 잘 아는 내용이다. 전용 부분과 공용 부분으로 구성되는 관리비 중 공용 부분에 관한 관리비 중에서 연체료를 뺀 원금만 납부하면 된다. 이에 관한 사항을 집중적으로 살펴보자. 낙찰로 소유권을 취득할 때 발생하는 체납관리비 문제의 핵심 사항은 다음과 같다.

① 체납관리비 구실로 공사, 임대, 이사 등을 방해할 때,
② 체납관리비 납부 안 하고도 공사와 임대가 가능한가?

③ 체납관리비 안 냈다고 단전·단수하면 불법인가?

④ 재산권행사 방해받은 기간 피해는 누구에게 받아야 하나?

⑤ 전 소유자가 체납한 관리비 원금 소멸시효는 3년이 맞는가?

⑥ 체납관리비 내 버리고 나면 소송해도 못 받는가?

⑦ 납부당한 체납관리비는 구상금 청구가 가능한가?

⑧ 체납관리비로 인한 지방세 추가 부과에 대한 대책에 관한 사항을
집중으로 살펴보도록 하자.

즉, 전 소유자가 체납한 체납관리비로 시비가 생겼을 때에 대한 해결
책을 살펴보자.

## 체납관리비를 구실로
## 리모델링, 임대, 이사 등을 방해하면?

간단하다. 형사고소로 해결하면 된다. 낙찰받기 전 소유자가 체납한
관리비가 1,350만 원이었던 종로구 수표동 오피스텔 다섯 개 낙찰받을
당시, 전 소유자가 체납했던 관리비를 해결한 실제 사례다.

아파트나 오피스텔과 같은 공동 주거용 부동산, 그리고 상가나 오피
스 부동산을 경매로 구입할 때 꼭 체크해야 하는 사항이 전 소유자가
체납한 연체 관리비 부분이다. 서울 중구 수표동에 있는 15층 오피스
텔 중 12층의 1201호, 1202호, 1203호, 1024호, 1025호 다섯 개 호
실이 일괄 경매로 진행된 사건에서 감정가격에 거의 육박하는 가격에

응찰해 낙찰받은 사례다.

"낙찰자는 부동산 경매판에서는 유명한 양반이다."

"필자와도 가끔 한 번씩 저녁을 먹는 사이다."

"명도에서는 필자보다 오히려 경험이 더 많은 분이다."

그런 분이 경험한 경우다. 총 다섯 개 사무실로 이루어진 건축 설계 사무실로 이용되던 곳으로 분양면적 420㎡(127평), 전용면적은 205㎡ (62평)이었다. 문제는 공용 부분 체납관리비로 1년여 분이 체납되어 있었고, 총액은 1,350만 원 정도였다고 하셨다.

## 한 번의 명도와 한 번의 입주 전쟁

채무자 회사는 이미 폐업하고 빈 사무실이었다. 관리사무소에서 집기 몇 가지만 놔두고 돈 될 만한 물건은 처분해서 관리비로 충당해도 문제 삼지 않겠다는 각서를 받아둔 상태였다. 따라서 사무실 안에 있는 짐이라고는 쓰레기 수준의 잡동사니 몇 가지가 전부였다. 돈 될 만한 집기 등은 관리실과 옥상 한쪽에 쌓아놓고 있었다. 그렇게 사실상 빈 사무실을 쓰레기 정리 차원에서 강제집행하려는 참에 일어난 일들이다.

"송달부터 막혀 명도진행에 애를 먹었다."

우여곡절 끝에 집행관 세 명과 집행보증인 두 명과 이삿짐 보관업체 사람들을 동원해서 강제로 잠금장치를 파손하고 집행하려는 찰나에 오피스텔 관리단 회장이라는 사람이 막고 나섰다.

"밀린 관리비를 다 내지 않으면 건물 안으로 한발도 들어올 수 없다!"

라고 억지를 부렸다.

그러는 사이, 경비아저씨들이 우르르 몰려 올라왔다. 그래봐야 네 명 뿐이었지만, 오피스텔 관리단 회장이라는 자의 명령에 문 앞에 죽 늘어 섰다. 속으로 욕이 나왔다.

"나이 드신 경비아저씨들이 무슨 힘이 있다고!"

"나이도 몇 살 안 돼 보이는 놈이 무슨 회장이라고!"

그렇게 되자 집행관들도 집행을 강행하려고 하기보다는 머뭇거리면 서 경찰을 불러 달라고 요청하더란다. 낙찰자는 경찰을 불렀다. 출동한 경찰이 법의 편일 줄 알았다. 잠시 뒤 경찰 두 명이 왔다. 그런데 출동 한 경찰이 하는 말이

"무슨 일인가요?"

집행관들은 아무 말이 없었다.

답답해진 낙찰자가 한마디했다.


## 서로가 공무집행 방해란다

"저 양반이 공무집행을 방해하고 있어요!"

싸움이 이상한 방향으로 옮겨 붙었다. 그러자 관리단 회장이라는 사 람이 경찰을 향해 한마디하시더란다.

"받을 돈 못 받아서 그러니 경찰분들은 관여하지 마세요."

경찰이 묻더란다.

"낙찰받은 사람이 누구세요?"

낙찰자가 대답하자 경찰이 대답했단다.

"저희는 이런 일에 개입하지 못하게 되어 있습니다."

그러고는 한마디 더 하더란다.

"잘 아실 만한 분들이니 다투지 마시고요. 알아서 잘 해결하세요. 그리고 회장님도 시끄럽지 않게 마무리해주세요."

그 말끝에 회장이라는 사람이 답했다.

"아무 염려 마시고 돌아가세요. 우리도 업무 중입니다."

그들은 이미 아는 사이인 듯했단다.

"그러면 돌아가겠습니다. 낙찰자 선생님도 시끄럽다고 다시 민원 들어오지 않게 협조 좀 해주세요."

그러고는 아무런 조치도 하지 않고 그냥 가 버렸다. 경찰이 가버리자, 이번에는 집행관 팀도 다른 현장과는 달리 적극적이지 않고 집행 불능이라고 말(선언)하더니 그냥 가버렸단다.


## 일단은 철수했다

그리고 며칠 후 일요일 오전에 아무 제재도 없이 다섯 개 사무실 접수를 완료했다. 방법은 '명도단행 가처분'을 활용했다고 한다.

잘은 몰라도 며칠 전 집행관과 경찰까지 물리친 관리단 회장은 기고만장했으리라. 그러나 불쌍할 정도로 유치할 뿐이다. 낙찰자에게는 아무 마찰 없이 이들을 물리칠 비장의 카드가 이미 있었고, 그것을 상상도 하지 못한 때, 바로 실행에 옮겨버렸다. 물론 연체된 관리비는 10원짜리 하나 지불하지 않았다고 했다.

"접수하고 열쇠를 모두 교체했다."

"열쇠공 아저씨에게 영수증 받으면서 교체한 시간과 일자를 서명 받았다."

그리고 부탁 하나를 드렸단다.

"나중에라도 문제가 생기면 증언 한 번 해주세요."

약간의 돈을 더 드렸다고 했다. 다음 날 아침 관리실과 관리단 회장이 이 사실을 알았지만, 이미 다 끝난 게임이었다. 점심때 무렵 관리단 회장이 전화해왔단다.

"치사하게 나왔다, 이거지."

"이사 들어올 수 있나 보자."

"그때는 당신네 맘대로 안 될 것이다."

회장이라는 자가 자기 혼자 전화에 대고 큰소리쳐보았자 그렇게 되지 않을 것이라는 것을 낙찰자는 이미 알고 있었다.


## 단전·단수는 없었고 문제는 이삿날 벌어졌다

다섯 개를 임대하기로 하고 부동산 중개업소에 매물로 의뢰했다. 얼마 지나지 않아 세입자가 결정되어 이사 날짜가 잡혔다. 필자는 그 시점에서 낙찰자로부터 이 사건의 전말을 들었다. 낙찰자는 직원을 시켜 매일 혹시라도 관리실이 저지를지 모르는 단전·단수를 체크하고 있었다. 단전·단수만 되면 상황은 바로 마무리된다는 것을 알고 있었는지 단전·단수 조치는 하지 않더란다. 즉 단전·단수를 실행하면 낙찰자는 입주가 더 편안해진다는 것을 관리실과 회장이라는 사람도 알고 있는 듯했다. 이는 필자도 잘 아는 내용인데, 문제는 이삿날 벌어졌다. 화물용 엘리베이터는 점검한다고 세워놓고, 승객용 엘리베이터는 사용하지 말라고 하더란다.

건물 구조상 고가 사다리차를 사용할 수 없는 구조여서 이사하려면 화물용 승강기를 사용해야 하는데, 화물용 승강기 사용을 노골적으로 방해하는 것이었다. 낙찰자는 이점에 대해서도 이미 대책을 세웠고, 근처에서 기다리고 있었다. 화물용 승강기 사용을 방해한다는 말을 임차인에게 듣고는 바로 다음 조처를 했다.

"이미 예견했던 일이다."

"준비가 되어 있으니 당황할 일 없었다."

30분도 지나지 않아 화물용 승강기가 다시 작동했다.

낙찰자가 '위력에 의한 업무방해죄'로 관리단 회장을 형사고소한 사실을 알리자 어떤 저항도 더 하지 못하고 엘리베이터를 작동시켜주더란다.

관리단이나 관리인, 관리회사가 전 소유자가 체납한 관리비를 구실로 경매로 소유권을 취득한 새로운 소유권자에게 불법을 저지를 수 없는 근거를 살펴보도록 하자.

# 02

# 방해받은 재산권행사 피해, 누구에게 보상받나

## 전 소유자 체납관리비 납부 안 하고도 공사와 임대 가능

시중에 있는 대형 서점에 나가 보면 빌라 몇 개, 아파트 몇 개 낙찰받은 그렇고 그런 이야기들을 고만고만한 병아리 작가(들이) 여러 사람의 적극적인 협찬과 심지어 대필을 전문으로 하는 직업 작가들의 도움을 받은 듯한 느낌까지 드는 책들이 서점 판매대에 누워 있는 것이 작금의 경매 관련 입문서 시장의 현실이다. 어떤 절실함이나 사실감도 느껴지지가 않는다. 독자들에게 도움이 될 리 만무하다.

그러나 필자에게 59번째 책인 이 책은 다른 책들과는 다르게 경매판의 비등점을 넘어선 책이다. 홍수처럼 쏟아져 나오는 병아리용 입문서와는 차원이 한참 다르다. 적어도 필자는 그렇게 자부한다.

필자가 2010년부터 쓴 《위험한 경매》 시리즈는 부동산 경매를 시작하면 아무라도, 그리고 언제라도 큰 돈을 번다는 막연한 환상을 심어주던 경매 소설책들에 대해 여지없는 일침을 가한 책이다. 그 책에서 진단했던 경매판의 '전염병'에 대한 '항생제'이자 '백신'에 해당하는 책이다. 체납관리비에 관해서 필자처럼 세분해서 독자 여러분들에게 해결책을 제시하는 책은 이 책이 처음일 것이다.

## 특수한 상황인 전 소유자에 의한 '체납관리비'

전 소유자가 망해서 경매 시장에 나온 경매 물건은 낙찰받고 나면 겪게 되는 상당히 특수한 상황이 '체납관리비' 문제다. 특히 상가나 사무실 등 상업용 부동산을 낙찰받을 때는 반드시 체크해봐야 하는 대목이다. 이 책을 쓰고 있는 도중에도 필자는 약 14억여 원이라는 막대한 액수의 체납관리비 소송 전쟁을 치르고 있다. 2014년에 시작된 체납관리비 소송전쟁을 하면서 참 많은 것을 배웠고, 그중 극히 일부를 여기에 소개한다.

시중에 많은 경매 관련 책들이 있음에도 체납관리비 해결에 관해 명쾌한 설명을 하고 있는 책이 별로 없다. 실제 투자자들에게는 중요한 대목인데도 불구하고 말이다.

전 소유자가 체납해 발생한 관리비와 관련해서는 경매 NPL 투자자라면 꼭 알아야 할 판례로, '채무부존재확인및손해배상·채무부존재확인 등[(대법원 2006.6.29. 선고, 2004다3598. 판결)'가 그것이다. 주상복합 아파트나 상가, 그리고 사무실 등의 집합건물은 '전용 부분'과 '공용 부분'으로 나누어져 있을 때, 경매로 소유권을 취득한 사람은 전 소유자가 체납한 관리비 중 '공용 부분'에 해당하는 체납관리비만 납부하면 된다.

## 전 소유자 체납관리비 중 연체료는 납부대상 아님

관련 판례를 살펴보자.

> [2] 집합건물의 전(前) 구분소유자의 특정승계인에게 승계되는 공용 부분 관리비에 대한 연체료가 특별승계인에게 승계되는 공용 부분 관리비에 포함되는지 ⇒ 부담하지 않아도 된다(소극)

"'소극'이라는 말은 포함되지 않는다는 말인가요?"

납부 대상에 포함되지 않아 납부하지 않아도 된다는 말이다.

"'특정승계인'은 누구를 지칭하는 말인가요?"

"경매로 낙찰받아 소유권을 취득한 경매 투자자를 말합니다."

"이제는 전 소유자가 체납한 관리비에 대해서 많은 분들이 어느 정도는 아는 것 같아요?"

"그렇습니다. 체납관리비 중 공용 부분에서 발생한 부분만 납부하면 되고, 그중에서도 연체료는 내지 않아도 된다는 것 말씀이시죠?"

"네!"

"그 정도만 알아서는 안 되는데…."

"무슨 말씀이세요?"

"그다음 내용까지 알아야 '체납관리비'라는 경매판에 매설된 지뢰를 확실히 제거할 수 있는 실력을 갖추게 됩니다!"

"그런 게 있나요?"

"있습니다!"

경매 물건 낙찰로 소유권을 취득하게 되면 10건 중 8~9건에서 경험하게 되는 전 소유주자가 체납한 체납관리비가 발생할 가능성이 있는 '집합건물(아파트, 오피스(텔) 등 주상복합 건물)'을 낙찰받고자 하는 경매 투자자라면 반드시 읽어주실 것을 권한다.

## 재산권 행사 방해당한 기간 동안 관리비 안 내도 됨

2004다3598. 판결【판시사항】중 관련 부분 중 다른 일부다.

> [5] 집합건물의 관리단 등 관리 주체의 불법적인 사용방해행위로 인해 건물의 구분소유자가 그 건물을 사용·수익하지 못한 경우, 구분소유자가 그 기간 동안 발생한 관리비 채무를 부담하는지 여부 ⇒ 부담하지 않아도 된다(소극)

"사무실이나 상가 같은 경우 관리회사나 관리단이 전 소유자 '체납관리비'를 전용·공용 가리지 않고 전부 납부하지 않으면 임대를 위한 공사도 못 하게 하고 임대도 못 하게 하는 식으로 방해하는 경우가 많다고 하던데요?"

"저도 2017년에 실제로 당한 적 있습니다."

"박사님도 당하셨다고요? 그러니 일반 투자자들은 오죽할까요, 어떻게 해결하셨나요?"

"관련 판례 보여주면서 또다시 방해하면 곧바로 형사고소 하겠다는 것으로 마무리되었습니다."

"법은 멀고 주먹은 가깝다는 말이 딱 맞는 것 같네요."

"관련법과 판례를 모르고 저지르는 무식한 짓입니다."

"공사방해 등 불법을 자행한 집합건물의 관리인이나 관리단, 관리회사를 상대로 손해배상도 청구할 수 있다고 하던데 맞는 말인가요?"

"그럼요. 임대 못 한 기간의 임대료까지 모두 받을 수 있습니다."

"관리비는 어떻게 되나요, 방해받은 기간에 발생한 관리비는 납부하지 않아도 되나요?"

"관리회사나 관리단이 저지른 불법으로 인해 임대하지 못한 동안의 관리비 납부하지 않아도 됩니다."

"납부하라고 하면 어떻게 하면 되나요?"

"납부하지 않고 있다가 '소송' 들어오면 그때 가서 대응하면 됩니다."


## 전 소유자 체납관리비, 안 냈다고 단전·단수하면 불법

집합건물의 관리단이나 관리회사 등 관리 주체가 위법하게 행한 단전·단수 및 엘리베이터 운행정지 조치 등 불법적인 사용방해행위로 인

해 건물의 구분소유자가 그 건물을 사용·수익 못 했다면 그 구분소유
자로서는 관리단에 대해 그 기간 동안 발생한 관리비 채무를 부담하지
않는다고 보아야 한다(대법원 2006.6.26. 선고 2004다3598, 3604 판결).

[4] 집합건물의 관리단이 전(前) 구분소유자가 특별승계인에게 특별승
계인이 승계한 공용 부분 관리비 등 전 구분소유자가 체납한 관리
비의 징수를 위해 단전·단수 등의 조처를 한 사안에서, 관리단의
위 사용방해행위가 불법행위를 구성한다고 한 판례

앞에서도 잠시 살펴본 바와 같이 관리비를 납부하라는 압박 수단으
로 관리회사나 관리인이 단전·단수·엘리베이터의 사용 등을 금지하는
행위를 하면 불법이라는 판례다.

## 필자가 실제 경험하고 있는 체납관리비 전쟁

2013~2019년까지 필자가 서울 지하철 2호선 강변역과 동서울터미
널에 붙어 있는 강변 테크노마트 총 13개 층 20여 건을 낙찰받으면서
관리단과 관리인, 관리회사를 상대로 치른 체납관리비에 관한 소송 부
분 중에서 독자들에게 도움이 될 만한 내용만 소개하겠다.

"치열하게 한판 중입니다."

"체납관리비 납부 안 한 상태에서도 임대를 위한 공사 등이 가능한
것만 해도 다행인 것 같아요!"

# 재산권 침해 금지 요청서

<br>

## 재 산 권 침 해 금 지 요 청 서

**수신인 :** 서울시 광진구 광나루로 56길

　　　　　　　　대표이사

**참조인 :** 　　　　　　상무이사

**발신인 :** 김　　(서울시 광진구 강변역로 4　　　　　　　엘)

### 발신인 다음과 같은 내용을 통보합니다.

---------------- 다　　음 -------------------

1. 귀사의 무궁한 발전을 기원합니다.

2. 본인은 광진구 광나루로 56길 85, 강변테크노마트 24층(이하 이 건물)을 서울동부지방법원에서 낙찰 받아 2017년 5월 23일 잔금납부로 소유권을 취득한　　　니다.

3. 이 건물을 낙찰 받은 것은 업무용으로 제3자에게 임대하고자 하는 것이었습니다. 하여 첨부하는 사진처럼 내부 칸막이 공사 등을 2017년 8월 30일자로 완료하여 임대 가능한 상태에 있습니다.

4. 그런데 이 건물 관리 회사인 귀사가 전 점유 사용자이자 같은 프라임그룹의 계열사였던 (　　　　!산업이 점유 사용한 2014년 5월부터 체납된 관리비를 낙찰자　　 　　　에게 납부할 것을 강요하였지만, <u>제가 이 체납관리비는 점유 사용자였던</u>　　건설과 소유자였던 (　　　　　　　　　　　)에 납부 책임이 있음을 주장하며, 이의 납부를 거부하자, 귀사는 임대에 필요한 일체의 행위를 하지 못하게 하겠다고 하고, 관리권을 남용하여 현재까지 실제로 입점신고

접수 거부, 인터넷개설 거부, 전화선 개통 거부 등으로 임대를 할 수 없게 재산권을 침해하고 있고, 그 결과 현재 공실로 되어 있어 소유권자로서 막대한 재산상 피해를 당하고 있습니다.

5. 하여 본인은 귀사의 이 같은 불법행위를 결코 묵과할 수 없음을 주장하며, 내부 공사가 완료된 2017년 9월 1일자부터 귀사를 상대로 재산권 침해에 따른 손해배상을 청구할 것을 통보합니다.

---

**6. 손해배상 청구의 범위**

  1) 24층 전 층(전용면적 242평)에 대한 전체 임차보증금 2억 원
  2) 24층 전 층(전용면적 242평)에 대한 매월 임대료 1,800만원
  3) 24층 전 층(전용면적 242평)에 대한 매월 관리비 1,100만원
  4) 24층 전 층에 대한 매월 관리비 1,100만원에 대한 법정이자

---

-이상-

2017년 9월 18일

**강변테크노마트 24층 소유자**

이 우편물은 2017-09-18
제 -3140405006149호에 의하여
내용증명우편물로 발송하였음을 증명함
서울테크노마트우편취급국취급국장
대한민국 KOREA

# 관리회사가 보낸 답신 내용증명 우편

## "꿈 을 가 진 사 람 만 이 이 룰 수 있 다"
## 업 주 식 회 사

서울시 광진구 광나루로56길        (구의동.테크노마트)   TEL : 02)

문서번호 : 프산 제 17 -16/ 호
수    신 : 김     (24층 구분소유자)
        서울 광진구 강변역로
제    목 : "재산권침해금지 재요청"에 대한 회신

1. 귀하의 무궁한 발전을 기원합니다.

2. 당사는 귀하가 2017.09.18. 보낸 "재산권침해금지요청서"에 대한 회신[프산 제 17-177호]을 2017.09.27. 귀하에게 발송하여 규정된 입점신고절차 및 공사승인절차를 안내하고 '당사는 귀하와 임차인에 대하여 재산권침해(입점신고접수 거부, 인터넷개설 거부, 전화선개통 거부)한 사실이 없음'을 통지하였습니다.

3. 귀하가 2017.09.27. 당사에 발송한 "재산권침해금지요청서"는 당사가 귀하에게 회신한 공문[프산 제17-177호]을 귀하가 받아 보기 전에 재발송한 것으로 보이므로 이에 대한 답변은 2017.09.27. 당사가 발송한 회신공문[프산 제17-177호]을 참고하시기 바랍니다.

4. 또한 귀하는 회신공문[프산 제17-177호]을 통해 안내해 드린 바와 같이 24층에 대한 현재 미비한 공사(인터넷 개설, 전화선 개통 등)가 있으시면 신청할 자격이 있는 구분소유자 또는 임차인이 신청하셔서 규정된 공사승인절차에 따라 진행하시어 이와 관련하여 "재산권을 침해했다"고 하는 오해가 발생되지 않도록 적의조치 하시기 바랍니다.

5. 결론 이에 당사는 귀하와 임차인에 대하여 재산권침해(입점신고접수 거부, 인터넷개설 거부, 전화선개통 거부)를 한 사실이 없음을 재차 확인 드립니다. 끝.

2017. 10. 10.

업주식회사 대표이                        인

발   송
No
2017. 10. 10

이 우편물은 2017-10-10
제 8140405006179호에 의하여
내용증명우편물로 발송하였음을 증명함
서울테크노마트우편취급국취급국장

|주식회사

입점신고 거부, 인터넷 개설 거부, 전화선 개통 거부 등의 위법을 저지른 적이 없다는 내용의 편지였다.

# 단전에 따른 관리비 납부거부에 대한 관리회사 독촉장

## 최 고 장

작성일자: 2019-10-18                                No. 9

제  목: 체납관리비 납부 최고장
주  소: 서울시 광진구 구의3동 테크노마트
성  명: (주)필주천천
세대번호: 1100-F06-E301
미 수 금: 2018년 12월분  :      82,010원 (연체료포함)
          2019년 01월분  :     258,200원 (연체료포함)
          2019년 02월분  :     252,090원 (연체료포함)
          합      계  :     592,300원 [422,610원(169,690)원 (총 3건)]

1. 귀하(사)의 일익 번창하심을 기원합니다.

2. 귀하(사)는 소유 또는 입점하고 계신 매장에 대한 관리비를 매월 납부기한까지 납부
   하셔야 하나, 2019-10-18 현재까지 관리비를 체납하고 있어 건물 유지 관리에 지장
   은 물론 타 입점주에게도 많은 불이익을 주고 있습니다.

3. 따라서, 체납관리비를 납부기한까지 납부하시어 원활한 건물관리를 할 수 있도록
   적극 협조하여 주시기 바랍니다.

4. 한편, 테크노마트의 관리단 규약 제50조 2항은 "관리인은 구분 소유자 등이
   관리비를 체납할 경우에는 규정에 따라 영업정지, 단전, 단수, 폐점,
   상품반출입금지 기타 필요한 조치를 취할 수 있다" 라고 규정하고 있는 바,
   **체납관리비 납부기한까지 전액 납부하지 않을 경우 단전 및 폐문할 예정이오니**
   **단전에 따른 전자제품(컴퓨터, 냉장고 등)에 대한 적절한 조치를 취하시기**
   **바랍니다.**
   또한, 당사는 관리비의 체납이 계속될 경우 부득이 귀하(사)의 부동산 및 동산에 대하여
   법적 조치를 취할 수 밖에 없음을 양지하시기 바랍니다

5. 납 부 기 한 : 2019년 10월 31일 (목) 까지

6. 단전 시행일 : 2019년 11월 01일 (금) 08:00

7. 납 부 계 좌 : 신한은행 : 100-013-
                하나은행 : 387-810C
                국민은행 : 361-25-C
                우리은행 : 230-0086
                예금주 :   크노마트(수)

※ 관리비 관련 문의 사항이 있으신 분은 테크노마트 12층 과금팀을 방문하시기 바라며,
   기타 문의사항은 02-3424     8으로 연락 주시기 바랍니다.

                              서울시 광진구 광ㄴ
                           : 테크노마트(주) 대

필자가 낙찰받았던 사무실에 전 소유자가 체납한 관리비 납부를 거
부하자 관리회사가 전기공급을 중단했다. 이를 이유로 관리비 납부를
거부하자 관리회사가 필자에게 보낸 관리비 납부 독촉 최고장이다.

## 체납관리비 독촉에 따른 답변서

**수신인** : 서울시 광진구 광나루로
강변테크노마트
(주)강변테크노마트

**발신인** : 서울시 광진구 광나루로
판매동 6층 E 003
대표이사 우형달

발신인 다음과 같은 내용을 통보합니다.

------------------------ 다   음 ------------------------

1. 귀 사의 무궁한 발전을 기원합니다.

2. 귀사가 발신인을 상대로 발송한 "체납관리비 납부 최고장"에 관하여 발신인은 이 관리비를 납부하지 않게 된 원인이 수신인이자 관리회사인 (주)강변테크노마트가 불법적으로 해당 사무실에 전기를 공급하지 않아 사무실 사용 및 임대할 수 없게한 것이 원인으로, 귀사의 불법행위로 인한 손해를 당하였기에 관리비는 납부할 수 없습니다.

3. 발신인도 수신인을 업무방해 및 재물손괴죄로 형사 고소할 것임을 통보하는 바입니다.

2019년  12월   일

(주)원주천천 대표이사  우  형  달

관리회사가 필자 사무실을 3개월간 단전해 제대로 사용하지 못한 기간에 부과한 관리비를 납부하지 않았다고 필자에게 납부 독촉을 하자, 필자가 관리회사의 불법성을 지적하며 관리비를 납부할 수 없다는 내용을 관리회사에 보낸 편지다.

# 전 소유자가 체납한 관리비
# 원금 소멸시효는 3년

## 체납관리비에 관련된 또 다른 판례

'용역비[(대법원 2007.2.22, 선고, 2005다65821. 판결)' 중 일부다.

【판시사항】 중

[3] 민법 제163조 제1호에서 3년 단시소멸시효에 걸리는 것으로 규정
한 "1년 이내의 기간으로 정한 채권[12]"의 의미 및 1개월 단위로 지
급되는 집합건물의 관리비 채권의 징수를 위해 단전·단수 등의 조
처를 한 사안에서, 관리단의 위 사용방해행위가 불법행위를 구성한
다고 한 사례

---

12) 제163조(3년의 단기소멸시효) 다음 각호의 채권은 3년간 행사하지 아니하면 소멸시효가 완성한다.
〈개정1997.12.13.〉
1. 이자, 부양료, 급료, 사용료 기타 1년 이내의 기간으로 정한 금전 또는 물건의 지급을 목적으로 한
채권

# 관리단, 관리회사가 체납관리비 청구하는 수법

상가나 사무실 등 집합건물을 낙찰받을 때 전 소유자가 체납한 관리비는 낙찰로 소유권을 취득한 새로운 소유자가 체납관리비 중 '공용 부분'에서 발생한 납부 책임이 있다는 것은 이해하셨을 것이다.

"관리회사나 관리인이 새 낙찰자에게 청구하는 방법이 어떻게 되나요?"

"일단은 낙찰자에게 '내용증명'으로 체납금액을 통보하는 것이 일반적입니다."

"법적으로 청구하겠다는 건가요?"

"처음에는 일단 얼마의 체납액이 있으니 언제까지 지정된 계좌로 입금해달라고 합니다."

"구체적인 자료도 안 주고 납부부터 하라고 한다는 건가요?"

"그렇습니다."

"입금해야 하나요?"

"아니요, 절대 입금하시면 안 됩니다."

"그러면 어떻게 하나요?"

"입금하지 않으면 한두 차례 더 내용증명을 보내고, 그래도 입금하지 않으면 '지급명령 신청'을 신청해옵니다."

"'지급명령 신청'이 들어오면 이의 신청하면 되겠네요?"

"송달받은 날로부터 2주일 이내에 일단 무조건 이의 신청하셔야 합니다."

"반드시 정식 재판으로 가야 한다는 말씀이시죠?"

체납관리비는 관리비 청구소송의 민사재판을 통해서 납부해야 할 금액을 확정시켜야 한다.

"납부해야 하는 체납관리비의 범위를 알려주세요."

"공용 부분에 관해서만 부담해야 한다는 말씀은 드렸고, 체납으로 발생한 연체료도 납부 범위가 아니고, 소유권 취득시점부터 소급해서 3년분만 납부책임이 있습니다."

"체납관리비는 소멸시효가 3년이라는 말씀이시죠?"

"맞습니다."

"관리회사나 관리인이 청구할 때 3년치만 청구하나요?"

"절대 그렇지 않습니다. 저희도 최근에 낙찰받은 식당으로 사용하는 상가건물에 관리회사가 거의 10년치 체납관리비를 청구해서 받아들일 수 없어 현재 소송 중에 있습니다."

"3년 치는 납부해야 하나요?"

"현재 판례로는 그렇습니다."


## 소송 없이 체납관리비 내 버리면 세금 감면 못 받는다

"소송을 통해서 확정된 금액만 납부하라고 하셨는데 그럴 이유가 있나요?"

"소송 없이 서로 합의해서 납부한 금액은 나중에 양도소득세 계산할 때 비용으로 인정받지 못하는 경우가 생길 수 있습니다.

"세무서에서 인정해주지 않는다는 이야기인가요?"

"나중에 매각할 때 비용으로 인정받기가 쉽지 않습니다."

"판결로 확정된 금액은 비용으로 인정해서 세금 계산할 때 비용으로
인정받는다는 말씀이시죠?"

"판결문에 나온 금액하고, 관리회사나 관리단에 송금한 송금영수증
보관하고 있다가 매각할 때, 매입비용으로 산입하시면 세무서에서 비
용으로 인정해줍니다."


## 체납관리비 내 버리고 나면 소송해도 못 받는다

"청구당한 체납관리비나 재판으로 확정된 금액을 일단 물어준 다음
에 구상금 청구소송이나 부당이득금반환 청구소송을 제기해도 승소하
기가 어렵다고 하던데, 정말 그런가요?"

"체납관리비는 일단 물어주고 나면 관리인이나 관리회사를 상대로
한 부당이득금 반환청구소송으로는 돌려받기가 쉽지 않습니다."

"그러면 구상금 청구소송으로는 물어 주었던 금액에 대해서 전 소유
자를 상대로는 반환 작업이 가능하다는 이야기이신가요?"

"승소가 어려운 것은 아니고, 전 소유자가 재산이 있거나 물어줄 능
력이 있을 경우에는 전 소유자를 상대로 구상금 청구소송을 제기해서
돌려받는 방법이 있겠지만, 재산이 없다면 괜히 소송비용만 날아가게
됩니다."

"구상금 청구소송 당사자의 반환 여부 능력을 보고 소송을 진행하라
는 이야기이시네요!"

"그렇습니다."

뒤에서는 필자가 체납관리비 청구소송에서 패해서 일단 납부한 후, 부담해야 할 책임이 있는 주체들을 상대로 체납관리비 대납에 따른 '구상금 청구소송'을 제기해서 일부를 돌려받을 수 있게 된 사례를 보여드리겠다.

## 체납관리비 대납에서 회수까지

체납관리비 있는 물건 낙찰

⬇

소송으로 체납관리비 확정

⬇

확정된 체납관리비 납부

⬇

납부 후 전 소유자 등 상대로 구상금 청구소송

⬇

구상금 청구소송 승소

⬇

추심절차 및 강제집행

⬇

채무자 강제집행정지 및 공탁 제공

⬇

채무자 항소 제기

⬇

항소심 판결로 최종 구상금 확정

⬇

공탁금 회수로 대납한 체납관리비 회수

다음에서는 실제 과정을 살펴보자.

# 대납한 체납관리비
# 구상금소송으로 회수 가능

## 체납관리비 대납에서 회수까지의 모든 것

필자네가 서울 지하철 2호선 강변역 인근에 있는 강변테크노마트 사무동 24층 전 층을 2017년 5월 낙찰받고 잔금을 납부해 소유권을 취득하자 관리회사가 전 소유자가 체납했다고 청구한 관리비가 원금 기준으로 437,471,116원이었다.

소송이 시작되고 약 2년여 만에 1심 판결이 있었다. 관리회사가 필자를 상대로 제기한 전 소유자가 체납한 관리비를 납부하라고 제기한 소송에서 유감스럽게도 피고였던 우리의 청구는 거의 받아들여지지 않아 원금 기준으로 437,471,116원과 지연이자 35,735,000원을 일단 물어주었다. 물어주고 난 다음, 전 소유자와 연대납부의 책임이 있는 점유자를 상대로 청구권소송을 제기해서 1심에서 일부 승소 판결이 있었지만, 이 책을 쓰고 있는 지금은 점유 회사가 이에 불복해 항소심이 진행되고 있다.

# 서울동부법원 2017가합1089**
# 관리비소송 내역

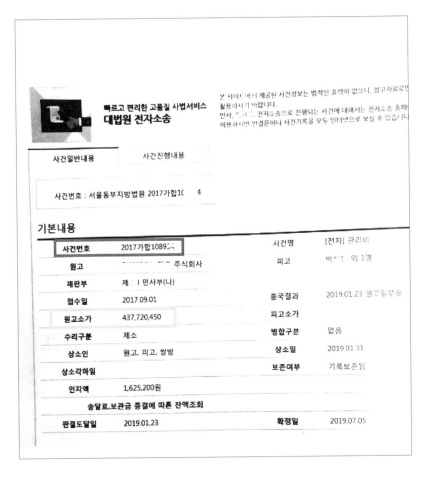

원고가 관리회사이고 피고는 강변테크노마트 24층을 공동으로 낙찰 받은 박○○ 외 1인이다. 청구액은 437,720,450원인 것을 볼 수 있다. 1심의 결과는 피고의 주장은 전혀 인용되지 않은 필자네 완패로 결론 이 나서 청구액과 지연 이자까지 물어냈다.

# 소송에서 져서 납부한 체납관리비와 지연손해금 납부확인서

## 납부확인서

**주소** : 서울시 광진구 광나루로56길 85, 강변 테크노마트 사무동 24층 1~18호

**성명** : 박○○, 김○○

　위 호실의 2017년 05월 23일자 경매 낙찰과 관련하여 특별승계 미납관리비 430,471,116원과 지연손해금 35,735,000원이 당사 국민은행 관리비 계좌로 입금되었음을 확인합니다.

발행일자 : 2019. 11. 04

테크노마트주식회사

　일단 납부하고 난 다음 필자가 낙찰받을 당시, 점유하고 사용하고 있었던 회사와 전 소유자 법인을 상대로 납부당한 체납관리비를 돌려달라는 '구상금 청구소송'을 제기해 (일부)승소했다.

# 서울동부법원 2019가합1030**번 구상금 청구소송 내역

| 사건일반내용 | 사건진행내용 |
|---|---|

사건번호 : 서울동부지방법원 2019가합1030○

## 기본내용

| | | | |
|---|---|---|---|
| 사건번호 | 2019가합1030 | 사건명 | [전자]구상금 |
| 원고 | 박. 외 1명 | 피고 | 개발 주식회사 외 1명 |
| 재판부 | 제 1 민사부(다) (전화:(02) 3204-2209) | | |
| 접수일 | 2019.03.21 | 종국결과 | 2019.12.19 원고일부승 |
| 원고소가 | 250,000,000 | 피고소가 | |
| 수리구분 | 제소 | 병합구분 | 없음 |
| 상소인 | 피고 | 상소일 | 2020.01.02 |
| 상소각하일 | | | |
| 인지액 | 1,727,800원 | | |
| 송달료,보관금 종결에 따른 잔액조회 | | | |
| 판결도달일 | 2019.12.24 | 확정일 | |

## 심급내용

| 법 원 | 사건번호 | 결 과 |
|---|---|---|
| 서울고등법원 | 2020나2002 ↓ | |

사건번호 서울동부지방법원 2019가합1030**번으로 진행된 소송에서 당초 필자가 물어주었던 체납액은 원금 기준으로 437,471,116원이었는데, 필자가 제기한 구상금 청구소송에서 승소해 되돌려 받을 수 있게 된 금액이 당시 전 소유자였던 **개발에게는 전액을 돌려받으라는 결정이 났고, 연대해 낙찰 당시 점유하면서도 관리비를 납부하지 않았던 ****산업(주)에게는 288,997,582원을 원고들에게 지급하라는 결정이 났다.

# '구상금 청구소송'의 판결문의 주문

'주문 2.의 가'는 전 소유자였던 ****주식회사는 필자가 물어준 관리비 전액을 갚으라고 판결하고 있고, '주문 2.의 나'는 해당 층을 점유 사용했던 ****산업주식회사에게는 288,997,582원을 원고인 필자에게 지급하라는 판결을 하고 있다.

이에 대해서 1심에서 패소한 점유자였던 ****산업(주)이 항소를 제기해서 이 책을 쓰고 있는 현재 항소심이 진행 중이다.

필자가 경매로 소유권을 취득할 이전부터 해당 층 전 층(전용면적으로 약 240여 평)을 문서 보관 창고로 사용했던 ****주식회사가 1심 판결에 불복해서 항소를 제기한 것이 2020. 01. 15.일이다.

"박사님이 실전을 강조하는 이유를 알 것 같습니다."

"고기도 먹어본 사람이 맛을 안다고 하잖아요!"

"체납관리비로 거의 5억 원을 재판으로 져서 억지로 내야 할 때 보이는 하늘은 다를 것 같아요?"

"저희가 돈이 없어 납부가 늦어지자 관리회사가 법원 판결문을 근거로 해당 층을 강제경매까지 넣었습니다."

"그럴 수도 있나요?"

"골탕 먹이려는 수작이었지만 납부하지 않을 방법이 없습니다."

"아무튼 그렇게 납부하고 나서 사용자였던 회사를 상대로 물어준 돈 돌려달라고 소송해서 승소하셨다로 정리하면 되겠죠!"

## 피고가 1심 판결에 불복해서 항소한 사건 파일 사진

주     문

1. 원고들의 피고 ■■건설산업 주식회사에 대한 소 중 2014. 8. 25. 전에 발생한 공용 부분 관리비 지급 청구 부분을 각하한다.

2. 원고들에게,

　가. 피고 ■■개발 주식회사는 430,471,116원 및 그중 214,265,000원에 대하여는 2019. 4. 20.부터 2019. 7. 18.까지는 연 5%의, 그 다음날부터 다 갚는 날까지는 연 12%의 각 비율로 계산한 돈을, 216,206,116원에 대하여는 2019. 7. 19.부터 다 갚는 날까지 연 12%의 비율로 계산한 돈을 지급하고,

　나. 피고 ■■건설산업 주식회사는 피고 ■■개발 주식회사와 연대하여 위 430,471,116원 중 288,997,582원 및 그중 72,791,466원에 대하여는 2019. 4. 4.부터, 216,206,116원에 대하여는 2019. 7. 18.부터 각 2019. 12. 19.까지는 연 5%의, 그 다음날부터 다 갚는 날까지는 연 12%의 각 비율로 계산한 돈을 지급하라.

3. 원고들의 피고들에 대한 각 나머지 청구를 기각한다.

# 공탁금 걸고 강제집행 정지 신청

| 사건일반내용 | 사건진행내용 |
| --- | --- |

사건번호 : 서울고등법원 2020나2002

## 기본내용

| | | | |
| --- | --- | --- | --- |
| 사건번호 | 2020나2002 | 사건명 | [전지구]보급 |
| 원고 | 박 외 1명 | 피고 | 주식회사 |
| 재판부 | 제 1 [서관13층 민사1과나제] | | |
| 접수일 | 2020.01.15 | 종국결과 | |
| 원고소가 | | 피고소가 | 288,997,582 |
| 수리구분 | 제소 | 병합구분 | 없음 |
| 상소인 | | 상소일 | |
| 상소각하일 | | | |
| 인지액 | 1,634,600원 | | |
| 송달료, 보관금, 종결에 따른 잔액조회 | | 사건이 종결되지 않았으므로 송달료 보관금 | |
| 판결도달일 | | 확정일 | |

## 심급내용

| 법 원 | 사건번호 | 결 과 |
| --- | --- | --- |
| 서울동부지방법원 | 2019가합103 | 2019.12.19 원 1등부술 |

최근기일내용

필자가 1심 판결을 근거로 가집행을 진행하자, 채무자 회사가 공탁금
3억 원을 제공하고 '강제집행정지' 신청을 해, 강제집행은 항소심의 결
과를 보고 나서 진행하게 되었다.

# 공탁금 납부사건 내역

| 사건일반내용 | 사건진행내용 |
|---|---|

사건번호 : 서울동부지방법원 2020카정5C

## 기본내용

| | | | |
|---|---|---|---|
| 사건번호 | 2020카정5 | 사건명 | [전자] 강제집행정지 |
| 신청인 | 산업 주식회사 | 피신청인 | 박  외 1명 |
| 제3채무자 | | 청구금액 | 0원 |
| 재판부 | 제 1 민 사 부(다) | 담보내용 | 0원 |
| 접수일 | 2020.01.10 | 종국결과 | |
| 수리구분 | 제소 | 병합구분 | 없음 |
| 기록보존인계일 | | | |
| 항고인 | | 항고일 | |
| 항고신청결과 | | 해제내용 | |
| 송달료, 보관금, 종결에 따른 잔액조회 | | 사건이 종결되지 않았으므로 송달료, 보관금 조회가 불가 |
| 결정문송달일 | | 확정일 | |

## 담보내용

| 담보금 | 담보제공일 |
|---|---|
| 현금 300,000,000 | 2020.01.23 |

## 최근기일내용

| 일자 | 시각 | 기일구분 | 기일장소 |
|---|---|---|---|
| 지정된 기일내용이 없습니다. | | | |

**최근 기일** 순으로 일부만 보입니다. 반드시 상세보기로 확인하시기 바랍니다.

점유회사가 구상금 소송에서 패하자 3억 원을 공탁하고 항고하고 있는 중이다.

## 05

# 체납관리비 때문에
# 부과되는 지방세 해결방안

## 이 부분까지는 잘 모르는 분이 계시다

상가나 사무실 등에 체납되어 있는 연체관리비 때문에 낮은 가격에 낙찰받았을 경우, 체납관리비만큼을 지자체가 취득세를 부과하겠다고 예정 통보를 하는 경우에는 일단 '과세전 적부심사 신청'을 한 다음, 받아들이지 않고 해당 지자체가 '지방세(취득세 등)' 등을 부과할 경우에 다음에서 보여드리는 것과 같이 조세심판원에 '조세심판 청구'를 제기해 구제받는 방안을 세워야 한다.

지금 소개해드리는 사례는 필자와 지인이 최근에 진행하고 있는 조세심판 청구 내역이다. 체납관리비에 따른 취득세 과세표준은 건물 관리회사가 낙찰자에게 체납관리비를 일방적으로 청구한다고 해서 인정되는 것이 아니라, 소송을 통해서 확정된 금액이 과세표준이 되어야 함에도 불구하고, 해당 지자체는 건물관리회사가 일방적으로 주장하는 체납관리비를 기초로 취득세를 부과하는 것에 대한 문제 제기다.

## 과세표준도 확정되지 않았는데
## 세금을 부과하겠다는 해당 지자체

상가나 사무실 같은 경매 물건은 장기간 공실이거나 경매로 낙찰받기 전에 소유자가 체납한 연체관리비 때문에 거액의 관리비가 체납되는 경우가 흔하다.

경매로 낙찰받고자 하는 투자자들은 소유권 취득 후에 물어주게 될 '전 소유자의 체납관리비'가 있는 경우, 이를 감안해서 입찰하게 되는 경우 보통이다.

"최근에 낙찰받은 식당 물건에 체납관리비가 있었나 보죠?"

"네, 맞습니다. 5년여간 공실로 인해서 발생한 체납관리비가 공용 부분을 기준으로 약 5,000여만 원이 있었습니다."

"그 체납관리비 때문에 입찰가격이 5,000여만 원 싸게 입찰할 수 있었다는 말씀이시죠?"

"네, 맞습니다."

"그리고 해당 구청은 전 소유자가 체납한 관리비 5,000여만 원에 대해서 추가로 취득세를 부과하겠다고 통지를 한 것에 대해서 선생님은 5,000여만 원이라는 것은 관리회사가 일방적으로 주장하는 체납관리비 금액일 뿐이고, 그 금액을 인정할 수 없어 현재 소송이 진행 중이니, 소송으로 체납금액이 최종 확정되면 그때 가서 납부하겠다는 주장이고요."

"그렇죠. 과세표준액이 확정되지도 않았는데 뭘 근거로 과세한다고 예정 통보하는 것에 대한 이의 신청이고, 거기다가 '불성실가산세'를 납부하라는 것은 아무리 생각해봐도 받아들일 수 없는 노릇입니다."

## 구청 담당 공무원과 취득세 부과 전 입씨름

필자와 지인들이 낙찰받았던 강변 테크노마트 경매 물건의 경우에서 해당 지자체인 광진구청이 관리회사가 주장하는 일방적인 '체납관리비'를 근거로 '취득세'를 부과하겠다며 '지방세 부과예정 통지서'를 보낸 것에 대해서 담당 공무원과 끝없는 입씨름을 하는 중이다.

"담당자님 상식적으로 생각해보세요. 아니 과세표준액이 확정되지도 않았는데 무슨 세금을 납부하라는 말인가요?"

"저희도 어쩔 수 없이 서울시에서 요청받은 대로 고지서를 발부할 수밖에 없다는 점을 이해해주시면 좋겠습니다."

"관리회사가 일방적으로 주장하는 체납관리비를 근거로 취득세를 추가로 납부하라는 말은 아무리 생각해도 납득할 수 없습니다."

"그러시면 일단 '과세전 적부심사청구'를 서울시에 해보세요."

"서울시가 과세하라고 독촉해서 과세하기로 했다고 하셨는데 서울시에 과세이의 신청한다고 받아들여질 리가 있나요? 뻔한 이야기지!"

"저도 납세자님 이야기가 어느 정도는 타당하다고 생각은 하고 있지만, 규정에 따라 부과예정고지를 하지 않을 수 없는 점은 이해해주세요."

"말씀대로 서울시에 '과세전 적부심사청구'를 해보겠습니다."

아래 표처럼 '과세전 적부심사청구'를 신청했지만, 당초 예상했던 대로 이의 신청은 받아들여지지 않았다.

## 과세전 적부심사청구서

<table>
<tr><td colspan="4" align="center">**과세전 적부심사청구서**</td></tr>
<tr><td colspan="4">※ 색상이 어두운 난은 신청인이 작성하지 아니하며, 뒤쪽의 작성방법을 읽고 작성하시기 바랍니다.　　　　　(앞쪽)</td></tr>
<tr><td colspan="2">접수번호</td><td>접수일</td><td>처리기간 30일</td></tr>
<tr><td rowspan="4">납세자</td><td colspan="2">성명(법인명) 박 * *</td><td>주민(법인, 외국인)등록번호<br>****** - ******</td></tr>
<tr><td colspan="2">상호(법인인 경우 대표자)</td><td>사업자등록번호</td></tr>
<tr><td colspan="3">주소(영업소) 광진구 구의동 546-4 테크노마트 사무동 F**층 11호</td></tr>
<tr><td colspan="2">전화번호<br>(휴대전화 : 010 - **** - ****)</td><td>전자우편주소<br>********@hanmail.net</td></tr>
<tr><td rowspan="4">대리인</td><td colspan="2">성명(법인명)</td><td>주민(법인, 외국인)등록번호</td></tr>
<tr><td colspan="2">상호(법인인 경우 대표자)</td><td>사업자등록번호</td></tr>
<tr><td colspan="3">주소(영업소)</td></tr>
<tr><td colspan="2">전화번호<br>(휴대전화 :　　　　　　　　)</td><td>전자우편주소</td></tr>
<tr><td rowspan="6">청구내역</td><td colspan="2">① 통지기관</td><td colspan="3">광진구청</td></tr>
<tr><td colspan="2">② 통지받은 연월일</td><td colspan="3">201*. **. 16</td></tr>
<tr><td rowspan="2">③ 통지내용</td><td>세목</td><td>취 득 세</td><td rowspan="2" colspan="2">그 밖의 내용</td></tr>
<tr><td>세액</td><td>2,122,580</td></tr>
<tr><td colspan="2">④ 청구세액</td><td>통지된 세액</td><td>2,122,580</td><td>청구 대상 세액</td><td>2,122,580</td></tr>
<tr><td colspan="5">⑤ 청구내용 및 이유(별지 기재)</td></tr>
<tr><td colspan="6">「지방세기본법」 제88조제1항 및 같은 법 시행령 제58조제1항에 따라 과세전 적부심사를 청구합니다.</td></tr>
<tr><td colspan="6" align="center">2019*년 09월 30일</td></tr>
<tr><td colspan="6" align="right">청구인  박 * * (서명 또는 인)　</td></tr>
<tr><td colspan="6">**지방자치단체의 장** 귀하</td></tr>
</table>

# 취득세를 낮게 부과했다고 추가로 부과한 지방세

광진구청이 추가 부과한 취득세 납부 내역이다. 전 소유자가 체납한 관리비 부분 만큼에 관해 '소송'으로 체납관리비가 최종 확정되면 그 금액을 과세표준으로 해서 추가로 취득세를 납부해야 한다. 과세표준이 확정되지 않은 상태에서 부과된 취득세를 납부할 수 없다고 납부를 거부하자 가산금까지 붙여서 독촉장을 보내고 있는 것을 볼 수 있다.

## 취득세 납부 독촉장 고지서

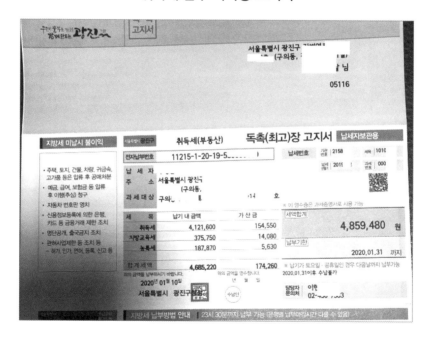

# 취득세 부과 후 지인들과 구시렁구시렁

"광진구청이 추가로 취득세를 부과하겠다는 예정통보에 반발해서 서울시에 제기했던 '과세전 적부심사청구'가 받아들여지지 않고 취득세가 부과되었다는 말씀이시죠?"

"그래서 조세심판원에 '조세심판 청구'를 하기로 했습니다."

"그러기로 하셨군요. 그런데 궁금한 것이 하나 있어요."

"말씀해보세요."

"취득세가 부과되었다고 하셨죠?"

"네, 486만 원 정도 부과되었습니다."

"그 건은 박 선생님 건이고, 박사님도 있다고 하셨죠?"

"맞습니다."

"부과받은 취득세를 기한 내에 납부하지 않으면 추가로 가산세가 또 붙는 거 아닌가요?"

"맞습니다."

"궁금한 점은 '조세심판 청구'를 제기한 기간 동안에는 취득세를 납부하지 않는 데 따른 가산세는 발생하지 않는가 하는 점입니다."

"납부하지 않으면 '조세심판 청구'를 제기했다고 해도 가산세는 추가됩니다."

"그러면 먼저 부과액을 납부하고 한 다음 '조세심판 청구' 결론에 따라 환급받거나, 확정될 때까지 납부하지 않고 있다가 인정되면 납부를 안 해도 되고, 인정되지 않으면 그때까지 가산세를 추가해서 내게 되는 건가요?"

"그렇게 되어 있습니다."

# 지방세 부과에 따른 과세전
# 적부심사와 조세심판원 청구

앞에서 또 다른 지인이 제기했던 '과세전 적부심사청구'가 받아들여지지 않고, 광진구청이 취득세를 부과하자 불복해서 조세심판원에 '조세심판 청구'를 제기하면서 제출한 청구 이유서다. 참고로 이 책을 쓰고 있는 현재 조세심판이 진행 중에 있다. 이하는 조세심판원에 과세이의 신청을 하면서 제출했던 이유서 중 일부다.

### 지방세 부과 이의 과정

● 해당 지자체에 과세전재부심사 신청

● 조세심판원에 '심판 청구'

● 행정 법원에 '행정 소송' 제기 순서로 진행된다.

● 행정법원에 패하면 고등법원에 항고할 수 있다.

● 고등법원에도 패하면 '대법원'까지 갈 수 있다.

# 조세심판 청구 이유서

## 1. 청구 취지

"서울시 광진구청장('처분청')이 201*. 11.00 취득세, 지방교육세, 농특세, 가산세의 명목으로 청구인에게 부과한 두 건의, 합계 5,662,770원의 부과처분은 이를 취소한다"라는 결정을 구함.

## 2. 청구 이유

### 가. 처분개요

(1) 청구인은 201*. **. 본 과세 부동산 '구의동 강변 테크노마트 ** 층 **호 외 1건'에 대해 서울동부지방법원 부동산 강제경매 사건에서 낙찰받아 취득세를 신고·납부하고 소유권을 취득했다.

(2) 그 이후 관리회사인 **개발(주)로부터 두 건의 합 117,653,737원의 체납관리비가 있다면서 청구인에게 이를 납부할 것을 요구하며 소송을 제기해 현재 전 소유자와 관리회사를 상대로 법적 조치 진행 중에 있다.

(3) 그러나 처분청은 소송 중에 있어 확정되지 않은 체납관리비 중 부가가치세를 제외한 117,653,737원을 본 부동산 과세표준으로 확정해 취득세, 지방교육세, 농특세, 가산세 명목으로 두 건 합계 5,662,770원을 납세 고지했다.

## 나. 쟁점

(1) 경매로 부동산을 취득한 경우. 관리회사가 일방적으로 주장하는 전 소유자가의 체납관리비(117,653,737원)가 취득세 과세표준으로 포함되는지 여부

(2) 체납관리비를 취득세 과세표준으로 현재까지 단 한 번도 신고납부하지 않고 청구하지 않고 있다가, 청구인에게 이번 감사원 지적에 법리를 달리 해석해 처음으로 취득세 등과 가산세 부과 당부

(3) 체납관리비에 포함된 전기료(전기기본료, 전기층 공통, 전기 전체 공통), 가스공용, 냉방비, 수도공용(전력기금 포함) 등 요금이 취득세 과세표준으로 포함되는지 여부

## 다. 청구인 주장

(1) 관리회사인 **개발(주)은 전 소유자인 성두*가 체납한 두 건 체납관리비 117,0653,737원(부가세 포함)을 청구인에게 납부할 것을 요구했지만 승복할 수 없이 현재 소송 중에 있다(서울동부법원 2019가단151*** 관리비-99,608,927원, 서울동부법원 2018가소 381***-18,044,810).

그러나 청구인은 체납관리비는 전 소유주도 납부할 의무가 있으므로 전 소유주인 성두*에 지급명령신청을 하고 채권압류 및 추심명령(2016타가소100***)을 진행했으며, 또한 관리회사의 일방적 주장 체납관리비에 허위 과다 청구한 금원 등을 청구인이 인지해 관리회사인 **개발(주)와 현재 부당이득금 반환 청구의 소등

법적 조치를 준비 중에 있다.

체납관리비는 '집합건물의 소유 및 관리에 관한 법률'의 입법취지와 채무인수의 법리에 비추어 보면 구분소유권이 순차로 양도된 경우 각 특별승계인들은 이전 구분소유자들의 채무를 중첩적으로 인수하는 것이고 현재 구분소유권이 있는 최종 승계인인 청구인뿐만 아니라 전 구분소유자도 체납관리비 채무를 부담한다고 보아야 할 것인바(대법원 2008.12.11. 선고 2006다50420판결 참조), 체납관리비에 대해서는 청구인뿐만 아니라 전 소유자도 여전히 납부의무가 있고 청구인은 전 소유자에 대한 체납관리비 납부에 대한 구상권을 가지게 되는 점(조심2012중1542,2012.5.30)(조심2013중0059, 2013.3.7.)과 전 소유자의 무자력 여부가 확인되지 아니하고 청구인이 전 소유자 및 관리회사에 적극적으로 법적 조치를 취하고 있는 점 등으로 미루어 체납관리비의 상환이 불가능한 것으로 확정되었다고 볼 수 없는 점 등을 종합해볼 때 체납관리비는 취득세 과세표준으로 인정하기 어렵다.

그러므로 체납관리비는 지방세법 제10조의 취득세 과세표준으로 인정할 만한 명확한 법적 근거가 없으므로 처분청의 체납관리비에 대한 취득세 부과처분은 취소해야 한다.

(2) 납세자는 체납관리비에 대한 취득세 과세표준이 위와 같이 법적 근거가 명확하지 않아서 관행적으로 현재까지 단 한 번도 신고납

부하지 않고 또한 처분청도 추징하지 않고 있었습니다. 그러나 처분청은 이번 감사원의 지적을 확대해석해 2019. 4. 24 부동산 경·공매취득에 따른 체납관리비 취득세 적정신고 여부 조사계획에 따라 강변테크노마트(주)로부터 체납관리비 내역을 요청해 청구인에게 승계된 체납관리비가 과거(2018. 3.)에 있음을 확인했으나, 이는 관리회사의 일방적 주장 금원으로 청구인에게 불법 허위 과다 청구해 소송 진행 중으로 확정되지 않는 금원이다.

그러나 처분청은 이번 감사원의 지적에 법리를 새롭게 달리 해석하고 또한 법원 판결에 확정되지도 않은 체납관리비 117,653,737원을 본 부동산 과세표준에 포함해 취득세, 지방교육세, 농특세, 가산세 명목으로 두 건 합계 5,662,770원을 2019. 11. 19일 납세 고지했다.

처분청은 위와 같이 법리 해석을 달리하면서 과거 2016년도의 체납관리비에 대한 과세표준 소급적용은 지방세기본법 제20조 3항 '이 법 및 지방세관계법의 해석 또는 지방세 행정의 관행이 일반적으로 납세자에게 받아들여진 후에는 그 해석 또는 관행에 따른 행위나 계산은 정당한 것으로 보며 새로운 해석 또는 관행에 따라 소급해 과세되지 아니한다'에 의거 위법으로 부당하며, 여기에 추가로 가산세까지 추징하는 것은 더욱더 부당하고 할 수 있다.
만약 처분청의 납세고지 및 가산세를 추징하는 것이 적법하고 정당하다면 이에 합당하고 충분한 법적근거를 제시해 마련해야 할 것이며, 세무 담당 공무원이 무지해 과거 소멸시효(5년)로 실효되어 체납관리비 과세표준에 의한 취득세를 받아내지 못해 국고 손실된 금원에 대해 전수 조사하고 모든 세무 담당 공무원들에게 먼저 지방세기본법 제107조에 의거 징계 조치와 구상금 청구를 해야 공평하다 할 것입니다.

선량한 납세자가 무지해 잘못 신고하면 행정제재로 가산세까지 물리면서, 세무를 전문으로 하는 전문가인 세무 담당 공무원이 무지해 적법한 우리의 귀중한 세금을 받아내지 못했다면 더 엄중한 징계 조치를 해야 할 것이다.

(3) 지방세법 제10조 제5항 및 동법 시행령 제18조 제2항에 따르면 취득가격에 포함되지 않는 비용으로 〈2. '전기사업법', '도시가스사업법', '집단에너지사업법', 그 밖의 법률에 따라 전기·가스·열 등을 이용하는 자가 분담하는 비용〉 등을 열거하고 있다.

그러나 본 체납관리비에는 전기료(전기기본료, 전기층 공통, 전기 전체 공통), 가스 공용, 냉방비, 수도 공용(전력기금 포함) 등이 포함되어 있으며 이는 전 소유자 및 임차인들이 이용했으며 이용자가 분담해야 하는 비용인 것입니다. 그러므로 취득가격에는 포함되지 않으므로 과세표준 금원에서 제외하고 재산정해야 할 것이다.

## 라. 관련 법령

(1) 지방세법 제10조(과세표준)

(2) 지방세법 시행령 제18조(취득가격의 범위 등)

(3) 지방세기본법 제20조(해석의 기준 등)

## 마. 심판결정례 등

(1) 조심 2013중 0059, 2013.3.7.

청구인에게 쟁점체납관리비의 납부의무가 있는 것은 인정된다 하더라도 '집합건물의 소유 및 관리에 관한 법률'의 입법취지와 채무인수의 법리에 비추어 보면 구분소유권이 순차로 양도된 경우 각 특별승계인들은 이전 구분소유권자들의 채무를 중첩적으로 인수한다고 봄이 상당하므로, 현재 구분소유권을 보유하고 있는 최종 특별승계인인 청구인뿐만 아니라 전 구분소유자도 공용 부분에 관한 체납관리비채무를 부담한다고 보아야 할 것인바(대법원 2008.12.11. 선고 2006다50420 판결 참조), 쟁점체납관리비에 대해서는 청구인뿐만 아니라 전 소유자도 여전히 납부의무가 있고 청구인은 전 소유자에 대해 쟁점체납관리비 납부에 대한 구상권을 가지게 되는 점(조심2012중1542, 2012.5.30. 같은 뜻임), 전 소유자의 무자력 여부가 확인되지 아니하고, 청구인이 전 소유자에게 구상권 행사 등을 한 사실이 없어 쟁점체납관리비의 상환이 불가능한 것으로 확정되었다고 볼 수 없는 점 등을 종합해볼 때, 쟁점체납관리비를 청구인의 양도소득 필요경비로 인정하기는 어렵다.

(2) 조심 2013중 1337, 2013.5.30.

전 소유자가 체납한 관리비에 대해서는 청구인뿐만 아니라 전소유자도 여전히 납부의무가 있고 청구인은 전 소유자에 대해 체납관리비 납부에 대한 구상권을 가지게 되는 점 등으로 볼 때, 전 소유자가 체납한 상가관리비 ○○○원을 청구인이 납부했다고 하더라도 이를 필요경비로 인정하기 어렵다고 하겠다.

## 3. 결론

(1) 체납관리비는 이전 구분소유자들의 채무를 중첩적으로 인수함으로 청구인뿐만 아니라 전 소유자도 여전히 납부의무가 있고 청구인은 전 소유자에 대해 구상권을 가지게 되는 점과 전 소유자의 체납관리비의 상환이 불가능한 것으로 확정되었다고 볼 수 없는 점 등을 종합해볼 때 체납관리비는 지방세법 제10조의 취득세의 과세표준으로 인정할 만한 명확한 법적 근거가 없으므로 처분청의 체납관리비에 대한 취득세 부과처분은 취소해야 한다.

(2) 처분청은 명확한 법적 근거가 없어 관행적으로 체납관리비를 취득세 과세표준으로 현재까지 단 한 번도 청구하지 않고 있었으나 이번 감사원의 지적에 법리를 새롭게 달리 해석하고 또한 법원 판결에 확정되지도 않은 체납관리비에 대해 청구인에게 처음 과세표준으로 취득세를 부과했습니다. 이는 지방세기본법 제20조 3항 새로운 해석 또는 관행에 따라 소급해 과세되지 아니한다는 조항에

위법사항으로 처분청의 체납관리비에 대한 취득세 부과처분은 부당하다.

(3) 본 체납관리비에는 전기료(전기기본료, 전기층 공통, 전기 전체 공통), 가스 공용, 냉방비, 수도 공용(전력기금 포함) 등이 포함되어 있으며, 이는 전 소유자 및 임차인들이 이용했으므로 이용자가 분담해야 하는 비용이며 취득가격에는 포함되지 않으므로 과세표준 금원에서 제외해야 한다.

# 조세심판 청구 증거목록

■ 국세기본법 시행규칙 [별지 제36호의2서식] 〈신설 2019. 3. 20.〉

## 증거목록

| 청구번호 또는 접수번호 | 청구인 | | 처분청 |
|---|---|---|---|
| | 성명 | 상호 | |
| 2019지 | 박 ** | | 광진구청장 |

제출자 : 박 **

제출일 : 2019.12

| 번호 | 명칭 | 작성일 | 작성자 |
|---|---|---|---|
| 청구인<br>제 1호증 | 납세고지서<br>(전자납부번호<br>11215-1-20-19-539585***) | 2019.11 | 광진구청장 |
| 청구인<br>제2호증 | 납세고지서<br>(전자납부번호<br>11215-1-20-19-539584***) | 2019.11 | 광진구청장 |
| 청구인<br>제3호증 | 관리비소송<br>(2019가단1514**) | 2019.9 | 서울동부지방법원 |
| 청구인<br>제4호증 | 구상금소송<br>(2019가합1030**) | 2019.3 | 서울동부지방법원 |

※ 번호 : 청구인이 제출하는 증거자료는 '청구인 제1호증', '청구인 제2호증'의 순서로,
처분청이 제출하는 증거자료는 '처분청 제1호증', '처분청 제2호증'의 순서로 적고,
이후 추가로 증거자료를 제출하는 경우에는 이미 제출한 증거자료의 다음 번호부터
순서대로 적습니다.

※ 입증취지 : 제출하는 증거서류 및 증거물을 통해 입증하려는 내용을 간단히 적습니다.

210mm×297mm(백상지 80g/㎡(재활용품))

이 대목에서 독자 여러분들이 궁금해해주셨으면 좋겠는 부분이 있다. 경매 고수들은 왜 임차인 많은 물건, 유치권 있는 물건, 체납관리비가 몇억 원씩 밀려 있는 물건을 즐겨 낙찰받을까에 대한 것이다.

조만간 나올 예정인《경매쟁이 목에 걸린 큰 가시 빼내기》의 두 번째 책인 다음 책에서는 잔금납부 안 하고도 입찰보증금 안 날리기, 법정지상권 함정에 빠졌을 때, 대위변제, 특수법인 물건, 잘못된 배당표, 배당이의소송 등에 관한 내용을 담을 예정이다.

# 에필로그

## 현재 혼신의 힘을 다해 집중하는 세 가지

《위험한 경매》시리즈를 출간하면서 독자 여러분들의 사랑과 성원에 보답하고자 하는 뜻으로 현재 혼신의 힘을 다해 집중하는 일이 세 가지가 있다. 인터넷 동호회 활동과 유튜브 방송, 그리고 '경매 NPL주말 집중반'이라는 이름으로 운영하고 있는 오프라인 경매 강좌가 그것이다. 이를 통해 경매로 망할 지경에 빠지거나, 망한 사람들에게 위로와 대안을 제시하고, 소액 투자로 내일을 기약하려는 분들을 위한 전진 기지 건설을 목표로 야무지게 운영하고 있다. 필자가 힘을 기울이고 있는 세 가지는 부동산 경매로 노후를 대비하고, 반드시 부활하겠다는 사람들에게는 더 없이 유용할 것이다.

# 망한 사례에서 배운 이야기로 처방전을 썼다

'경매 NPL 주말 집중반' 수업을 하다 보면 "박사님은 한 번도 안 망해보셨죠?"라는 질문을 하는 분들이 계시다. 1초의 고민도 없이 대답이 튀어나간다. "에이, 그럴 리가 있나요? 저도 지금까지 세 번 말아 먹었습니다."

다른 투자는 잘 모르지만, 적어도 경매는 '성공 경매' 때보다 '망한 경매' 때 더 많이 배우게 되는 것 같다. 《위험한 경매》 시리즈가 '망한 경매' 때 체득한 이야기로 꾸며져 있었다면, 이 책은 《위험한 경매》에 빠져 있는 분들에게, 그리고 미리 예방 주사를 맞는다는 차원에서 위험을 피하고자 하는 분들에게 꼭 권하고 싶은 책이다.

**경매쟁이 목에 걸린 더 큰 가시 빼내기** 전체 목차

이 책에 이어 나올 두 번째 책의 목차는 대략 다음과 같다.

## 2장 법정지상권 함정에 빠졌을 빠져나오기

## 3장 세상일 내 맘대로 안 되도 손해 안 보기

원고를 완성하는 동안 내용이나 소제목들이 바뀌기도 하겠지만, 다음 책 역시 독자 여러분들이 지금까지 전혀 보지 못했던 경매 책을 볼 수 있을 것이다.

본 책의 내용에 대해 의견이나 질문이 있으면
전화(02)333-3577, 이메일 dodreamedia@naver.com을 이용해주십시오.
의견을 적극 수렴하겠습니다.

## 경매쟁이 목에 걸린 큰 가시 빼내기

제1판 1쇄 발행 | 2020년 4월 21일

지은이 | 우형달
펴낸이 | 손희식
펴낸곳 | 한국경제신문 *i*
기획 · 제작 | ㈜두드림미디어
책임편집 | 최윤경

주소 | 서울특별시 중구 청파로 463
기획출판팀 | 02-333-3577
영업마케팅팀 | 02-3604-595, 583  FAX | 02-3604-599
E-mail | dodreamedia@naver.com
등록 | 제 2-315(1967. 5. 15)

ISBN  978-89-475-4575-4 (03320)

# 한국경제신문 *i* 부동산 도서 목록

이것이 진짜 맹지에 건축법상 도로 만들기다

직관주의자의 자유 부동산

청약 당첨소원이 성취되는 청약 100문 100답
주택청약의 정석

감정평가사가 알려주는 정년 없는 부동산 경매

구만수 박사 토지 투자, 모르면 하지 마!

국가대표급 땅 투자 선수되기

세미 셀프 인테리어 시대가 왔다

부동산 실버사업 CEO 30대에 시작하기

부동산 투자의 시작, 무결점 법인 만들기

이것이 진짜 실수한 부동산 투자다

엄마라서 잘 할 수 있는 부동산 실거주 투자

투자의 길에서 부동산 멘토를 만나다

부동산 생존 투자 전략

은퇴 후 월세 1,000만 원 받기

바닷가 게스트하우스 건축하기

나홀로 가는 부동산 투자 여행 베트남 편